"一带一路"
新型全球化的新长征

Belt and Road Initiative:
Exploring a New Mode of Globalization

荣誉主编　王伟光
主　　编　赵白鸽　蔡　昉　欧晓理
副主编　王　镭　王灵桂　智宇琛

中国社会科学出版社

图书在版编目（CIP）数据

"一带一路"：新型全球化的新长征/王伟光主编 . —北京：
中国社会科学出版社，2017.5（2018.4重印）
（智库丛书）
ISBN 978 - 7 - 5203 - 0412 - 2

Ⅰ.①一… Ⅱ.①王… Ⅲ.①"一带一路"—
国际合作—研究 Ⅳ.①F125

中国版本图书馆 CIP 数据核字（2017）第 086494 号

出 版 人	赵剑英	
责任编辑	王 茵	周枕戈
责任校对	胡新芳	
责任印制	王 超	

出 版	中国社会科学出版社
社 址	北京鼓楼西大街甲 158 号
邮 编	100720
网 址	http://www.csspw.cn
发 行 部	010 - 84083685
门 市 部	010 - 84029450
经 销	新华书店及其他书店

印刷装订	北京君升印刷有限公司
版 次	2017 年 5 月第 1 版
印 次	2018 年 4 月第 2 次印刷

开 本	710×1000 1/16
印 张	14.5
字 数	173 千字
定 价	59.00 元

谨以此书献给 2017 年
"一带一路"国际合作高峰论坛

蓝迪国际智库

前　　言

　　丝绸之路，在漫漫历史长河之中，如一条璀璨的纽带，在维系世界诸多古文明间交流中发挥了举足轻重的联通作用。驼铃阵阵，于边关磐石、荒原朔漠之中正式开辟出一条横贯东西、连接欧亚的丝绸之路。自此，"使者相望于道，商旅不绝于途"。与此同时，海上丝绸之路也已开辟。勤劳勇敢的人民航琛越水，辇赆逾嶂，为东西方贸易与文化交流的画卷添上了浓墨重彩的一笔。

　　斗转星移，沧海桑田，古老的丝绸之路历经巨变，迎来新的发展机遇。2013 年，中国国家主席习近平在出访中亚和东南亚国家期间，先后提出共建"丝绸之路经济带"和"21 世纪海上丝绸之路"的重大合作倡议，引发了全世界的热烈反响，赋予了古老丝绸之路新的意义，也翻开了共建人类命运共同体的新篇章。

　　全球化是社会生产力发展的客观要求和科技进步的必然结果，为世界经济增长提供了强劲动力，促进了商品和资本流动、科技和文明进步、各国人民交往。然而，全球化也是一把"双刃剑"，尤其在经济下行周期来临的时候，面对各种全球性挑战，人们对冲突的化解、秩序的协调以及经济社会的发展进步的渴望尤为迫切，全世界都在寻找解决问题的思路，也由此引发对全球化的深入反思和调整。

当务之急，是要让全球化进程更有活力、更加包容、更可持续，这需要克服三大挑战：一是全球增长动能不足，传统手段效用递减，传统引擎动力不够，新的增长点尚未形成；二是全球经济治理滞后，治理体系、贸易和投资规则以及全球金融体系亟待改进；三是全球发展失衡，收入分配不平等、发展空间不平衡等问题正在加剧，甚至带来局部战乱、冲突和地区动荡。

在此背景下，中国"一带一路"倡议的提出既反映出中华民族对美好世界和未来的愿景，也体现引领新一轮全球化的担当和构建人类命运共同体、应对全球挑战的"中国智慧"。"一带一路"倡议的"共商、共建、共享"原则，包含了建立在中国传统文化基础上的全新的、非对抗的合作理念，和平发展、合作共赢是这种理念的核心。"一带一路"倡议确立的"政策沟通、设施联通、贸易畅通、资金融通、民心相通"的"五通"目标，决定了这是内容全面、结构严谨、形式缜密的合作倡议，带来的是面向未来、面向长远、对子孙后代负责的合作。

"一带一路"倡议对优化全球治理体系和促进世界经济社会发展具有重大意义。在目前的全球化格局中，实力支配和对抗思维的理念往往以牺牲发展为代价，导致了众多经济、社会、生态、民族、宗教等问题。而"一带一路"倡议则坚持创新驱动，打造富有活力的增长模式；坚持协同联动，打造开放共赢的合作模式；坚持与时俱进，打造公正合理的治理模式；坚持公平包容，打造平衡普惠的发展模式。"一带一路"倡议将更有利于释放全球化的正面效应，更有利于各国正确选择融入全球化的路径和节奏，更有利于让每一个人都能共享经济全球化的好处，也将更有利于促进新型全球化的发展。

　　然而，我们必须清醒地认识到，"一带一路"建设和全球化进程不会一蹴而就，也不可能一帆风顺。在此过程中，我们会遇到各种风险和挑战，面对曲折和险阻。艰难困苦，玉汝于成，在这一伟大进程中，长征精神是我们重要的思想激励和动力源泉。正如习近平同志指出，长征是理想信念的伟大远征，是检验真理的伟大远征，是唤醒民众的伟大远征，是开创新局的伟大远征。抚今追昔，感慨万千，正是进行了一次又一次波澜壮阔的伟大长征，夺取了一个又一个举世瞩目的伟大胜利，才有了今天中国的进步和发展。

　　自提出"一带一路"以来，我们筚路蓝缕，砥砺前行，已经有100多个国家和国际组织积极响应支持，40多个国家和国际组织同中国签署合作协议。中国企业对沿线国家投资达到500多亿美元，一系列重大项目落地开花，带动了各国经济发展，创造了大量就业机会。求木之长者，必固其根本；欲流之远者，必浚其泉源。"一带一路"作为新型全球化的新长征，其思想闪烁着中国古老智慧的光芒，将以开放包容精神，开创新的全球化，通过再造世界而再造中国，使中国更加走进世界舞台的中心，使中华民族永远屹立于世界民族之林。

　　2015年，中国社会科学院根据中央新型智库建设要求，以亚太与全球战略研究院为依托，成立了国家全球战略智库；并以项目形式参与"一带一路"建设的有关工作，蓝迪国际智库项目即是其中之一。作为国际化的中国特色新型智库平台，蓝迪国际智库项目凝聚了国内外政党、政府、议会、智库、企业、金融机构、社会组织、行业协会、国际组织等各方面资源，围绕国际重大项目推动研究与发展，推动实现理论和方法论的创新，组织跨学科、多视角的研究，力争提出有现实意义和政策影响的真知灼见。蓝迪国际智库项目致力于打造整合资源的平台和网络，服务中央决策，支持中国企业，推动"一带一路"伟大战略的落实。自2015年4月成立以来，在以全国人民代表大会外事委员会副主任赵白鸽博士为代表的专家委员会的辛勤努力下，蓝迪国际智库项目为参与"一带一路"建设的各类企业与沿线国家和地区的积极对接提供了大量实质性服务，并在促进中国与巴基斯坦、伊朗、哈萨克斯坦等国家的合作中取得重大进展。

2017年5月，中国将在北京主办"一带一路"国际合作高峰论坛，共商合作大计，共建合作平台，共享合作成果，为解决当前世界和区域经济面临的问题寻找方案，为实现联动式发展注入新能量，让"一带一路"建设更好地造福各国人民。为迎接峰会召开，共享发展经验，蓝迪国际智库项目集合中国社会科学院、清华大学等智库机构专家及参与"一带一路"建设的各行业领军企业经验，专门编制出版了《"一带一路"——新型全球化的新长征》一书。

我们相信，专家学者的真知灼见和来自"一带一路"建设实践的真实、鲜活的经验能带给读者新的启发，为广大企业提供参考和指南，为有关政策制定部门提供有益的建议。

中国社会科学院院长、党组书记

王伟光

2017年5月5日

目　　录

第三部分　中国企业的"一带一路"实践

第一部分
"一带一路"与新型全球化

新型全球化与中国策略

全国人大常委、中国社会科学院副院长

蔡　昉

面对当前全球增长动能不足、经济治理滞后以及发展失衡等挑战，全世界都在寻找解决问题的思路，也由此引发对全球化的深入反思和调整。通过回顾和总结中国在全球化过程中的经验，可以更加明晰"一带一路"倡议对优化全球治理体系和促进世界经济增长的重要意义。

以 1978 年中国共产党第十一届三中全会召开为标志，中国进入改革开放年代。改革与开放是同时发生的，也是紧密联系、相互促进的。改革是开放条件下的改革，开放也是在改革过程中得以推进的。所以，国内经济发展与融入全球经济是相互交织在一起的。同时，对外开放又是具有独立和确切内容的。初期的对外开放还带有实验性和地域性，从建立经济特区、开放沿海城市和沿海省份等入手；及至 20 世纪 90 年代，中国为加入 WTO 做出努力，开始全方位地拥抱经济全球化。

无论从经济特区的成功经验，还是从高速经济增长与深度对外开放的一致性，都可以得出结论：中国是这一轮全球化毋庸置疑的受益者。

在许多国家置疑自身是否在全球化中获益的同一时期，中国借助改革开放实现了前所未有的高速增长，并且在全球性金融危机之后世界经济进入新平庸的条件下，中国仍然保持着与自身所处新常态相符的中高速增长，经济增长总体上具有为广大人民群众分享的性质。

◇◇一　中国在全球化过程中的发展经验

在全球化高潮背景下的中国经济，恰好处于最适于从经济全球化获益的发展阶段。中国实行改革开放政策，融入经济全球化的时期，恰好与其二元经济发展阶段相吻合，发展的关键是通过资本积累推动工业化进程，为大量农业剩余劳动力找到出路，得以把过剩生产要素转变为产业比较优势。

中国的二元经济发展，在时间上恰好与这一轮经济全球化完美对应，而中国经济发展模式也利用全球化机会实现了充分对接。包括美国、欧洲、日本和"四小龙"在内的发达经济体，相对于物质资本而言劳动力是稀缺要素，不断提高的工资和福利成本削弱了制造业比较优势，在全球化条件下，劳动密集型制造业以雁阵模式相继向外转移。而中国（主要是沿海地区）正处在最有利的承接产业转移的发展阶段，农业中剩余劳动力被吸纳到制造业，并不以人的意志为转移，在全球市场上表现为比较优势和竞争力。数据显示，中国出口中占主导地位的是劳动密集型制造业产品，充分反映了中国所处特定发展阶段的比较优势。

中国对外开放程度不断加深的一个外在表现，是贸易依存度显著提高到大国中罕见的水平。按现价计算，中国进出口贸易总值与 GDP 的比率，从 1978 年的 9.7% 大幅度提高到 20 世纪 90 年代初超过 30%，2014 年更高达 41.0%。

在资源配置市场化和经济全球化条件下，中国劳动力的重新配置为高速经济增长，提供了充分的劳动力和人力资本供给、较高的资本回报率，以及以资源重新配置效率为特征的生产率改进等必要条件，把人口红利兑现为经济增长奇迹。中国以劳动密集型制造品为主的出口结构创造了大量非农产业的就业机会，促进了劳动力的重新配置，是中国二元经济发展的主要供给侧和需求侧因素以及产业结构变化的驱动力。与此同时，大量外商直接投资也进入这些制造业部门。这不仅反映了对外开放对高速增长所做的贡献，也揭示了这一外向型经济增长所具有的分享性质。中国高速经济增长以及从经济全球化获益的全部奥秘，几乎都隐含在这个符合经济发展铁律（农业份额下降）的就业结构剧烈变化中。

然而，在得出中国是全球化的获益者结论时，主要不应该从其出口产品份额和引进外资规模看，也不仅是看其对经济增长的推动作用，而是要依据城乡居民对改革、开放和发展成果的分享程度进行判断。

总体而言，中国城乡居民在不同时期，分别或同时通过三种形式，得以分享了经济增长的成果。第一，在典型的二元经济发展阶段，劳动力无限供给特征虽然阻碍了工资水平的提高，却保持并强化了劳动密集型产业的比较优势和国际竞争力，创造了更多的就业岗位，非农产业就业的参与程度显著提升，由此提高了城乡居民收入。第二，在经济发展进入新阶段后，普通劳动者工资和低收入家庭收入加快提高，自 2009 年以来，居民收入的基尼系数和城乡居民收入差距都持续缩小。第三，中央和地方政府加大了再分配政策力度，通过基本公共服务供给充分化和均等化，使经济发展共享程度进一步得到提高。

◇二 有关建议和思考

对于中国来说，要如期实现全面建成小康社会及至实现国家现代化的目标，不能采取与全球经济脱钩的政策，而是要利用自身在世界经济和全球治理中举足轻重的地位，即作为世界第二大经济体、第一大货物贸易国、大国中对外依存度最大的国家，引领今后的全球化并使之于己有利。

第一，中国在清晰认识到全球化倒退可能性的同时，应该充分利用自身的政治制度优势，不纠缠于一时一事或一城一地的得失，在政策选择和制定中，在方向上保持战略定力，在时机上保持历史耐心，在力度上保持分寸感。既然国际贸易也好经济全球化也好，终究都不是零和博弈，因此，在民族主义和民粹主义政治影响下的贸易保护主义和去全球化政策，都会造成全球福利的净损失，并给参与各方带来伤害。然而，以其人之道还治其人之身的应对哲学，并不能减少任何一方的损失，只能给各方带来更大的利益伤害。而中国庞大的经济体量也决定了，一旦陷入"冤冤相报"的贸易战，可能遭受的损失将会十分深重。

实际上，任何一个国家都不会在去全球化潮流中真正受益，只不过对于不同的国家来说，需要花费不尽相同的时间来认识到这一点。在这个"试错"的时期，合作的机会窗口仍然存在。通过改善对外合作的宏观政策环境,让善于"用脚投票"的潜在合作者"近者悦、远者来",从而创造全球化的局部气候。因此,具有更高的战略眼光,稳住阵脚,善意相待,哪怕是单方面地创造更好的经济合作条件,仍然可以使中国在经济全球化处于低潮时继续从中获益。

第二,利用中国在世界经济中日益提升的地位,提高在全球治理中的话语权,按照有利于广大发展中国家特别是新兴经济体分享权益的原则,调整全球化的方向和规则,并抓住全球市场的新机遇。去全球化的一个具体举措,就是以美国为代表的西方国家,大都对已经参与其中的一体化机制进行反思甚至重新选择,或者酝酿着对已经签署甚至实施的协议进行再谈判。虽然这种再选择和再谈判旨在把利益向发达国家进一步倾斜,毕竟也将为中国、新兴经济体和其他发展中国家提供机会,借此在全球经济治理中提升自身的话语权,争取自身的合理权益。

第三,不失时机地抓住与自身比较优势相对应的商机,中国和新兴市场经济体可以获得新的贸易和投资机会。西方国家在政治上和政策上抑制全球化发展的一些做法,固然不排除产生像人们对特朗普的政策所预期的那样,进一步向资本所有者的利益倾斜,但是,出现另一种情形的可能性也是存在的,即作为对工业化国家中等收入和低收入群体呼声不可回避的回应,贸易协定的再谈判等新的全球化框架产生抑制跨国企业既得利益、注重普通劳动者和消费者利益的后果,从而或多或少改善其国内收入差距过大从而中低收入家庭消费力不足的问题。在此过程中,中国及广大发展中国家可以有很大的市场机会。

第四,推动中国经济内外联动,开创对外开放的新格局,制造有利于各国共建共享、互惠互利的经济全球化新成长点。中国提出的"一带一路"倡议，得到了全世界的积极响应。借用古老的陆地和海上丝绸之路这一历史符号，旨在发展与沿线国家的经济合作伙伴关系，打造政治互信、经济融合、文化包容的共同体，体现了全球化的本质内涵，着眼于构造崭新的全球治理框架，预期可以成为新一轮全球化的引爆点。该倡议着眼于中国经济发展的内外联动，在国际范围内以基础设施建设推动实体经济和产能合作，发展投资和贸易关系。世界经济曾经出现过若干次依比较优势动态发生的雁阵式产业转移，中国具有的大国经济特征，决定了雁阵模式首先经历一个从沿海地区到中西部地区的国内版，继而可以通过"一带一路"建设将其推向国际版。

第五，在全球化治理体系尚未根本改变，并且现行格局可能长期存在的条件下，"一带一路"倡议以及配套的亚洲基础设施投资银行等推进方式，可以补充现行全球化格局中忽视新兴经济体和其他发展中国家利益的缺陷。要实现"一带一路"的预期目标，需要从战略层面到务实环节，做出预期目标明确、短期收获与长期成果结合、实施环节紧密衔接，从而在执行中不会走样变形的整体机制设计。

第六，实践新发展理念，使参与经济全球化最大限度地促进创新发展，并通过共享发展使全体中国人民获益。中国之所以能够在改革开放期间充分利用全球化机遇，在大幅度提升国力的同时使城乡居民明显受益，根本还在于这一时期的赶超型经济增长体现了共享理念。在世界经济进入新平庸，甚至可能出现去全球化趋势的条件下，随着人口红利消失，中国劳动密集型产业的比较优势明显弱化，进入以增长速度减慢、增长动能转换和增长模式转型为特征的新常态。在这个发展阶段上，经济增长必然伴随着微观主体的创新和产业结构的升级，实现从要素投入驱动到全要素生产率的驱动。同时，从以人为中心的发展思想出发，必须在增强竞争的同时，坚持社会政策托底，使劳动者能够跟上创新发展的步伐，成为新一轮全球化的赢家，才能实现全体人民共享的全面小康社会。

无论从总结成功经验的角度，还是从吸取失败教训的角度，过去几十年的经历皆表明，全球化能否使所有国家以及一国全体居民均等获益，不仅在于充分抓住全球化做大蛋糕的机会，更在于良好治理全球化以合理分配蛋糕的做法。中国是上一轮经济全球化的参与者，然而却不是规则的制定者。在预期中的新一轮全球化高潮中，中国应该也必将发挥更加重要的引领作用，同时作为推动者和规则制定者。

中国特色社会主义民主制度为应对全球化新趋势奠定了政治保障，改革开放的成功实践也为认识、适应和引领新一轮全球化提供了经验依据。中国不断提升的全球经济地位和治理话语权形成更强烈的国际责任感、更开阔的全球视野和更高屋建瓴的应对策略的基石。

在促进全球化的同时实质推进国内供给侧结构性改革，把提高生产率与加强社会保护有效结合起来，使未来的全球化本身以及中国参与全球化的实践，更加符合包容性和可持续性的要求。中国共产党第十八届五中全会确定的创新、协调、绿色、开放和共享发展理念，应该同时作为引领中国经济发展新常态和新一轮全球化的战略思想和策略指导。

举 "中国方案" 践大道之行

国家发改委西部开发司巡视员

欧晓理

　　一个理想的世界是什么样子？中国的先贤孔子曾经描绘了一个理想的 "礼运大同" 世界：公平公正，和睦相处，丰衣足食，安居乐业。这种思想远远地超越了他所在的时代，孔子是为先贤。但穷其一生，孔子也未能看到这个大同世界的影子。几千年后的今天，时代与文明不断进步，经历了各种困顿与歧途的洗礼之后，共建、共享一个和平、富足、公平的地球已经成为世界人民共同的梦想。

　　2013 年，中国国家主席习近平提出的 "一带一路" 倡议为这个梦想的实现给出了中国方案，指明了发展路径。"一带一路" 是化理论为行动、变梦想为现实的重大国际合作倡议，是促进全球经济复苏的中国方案，是增进不同文明互学互鉴的中国智慧，是推动全球治理体系变革的中国担当。

◇◇一 促进全球经济复苏的"中国方案"

受国际金融危机的影响，近年来世界经济一直处于深度调整期，增长动能明显不足，大宗商品市场持续低迷。时至今日，旧有的矛盾没有解决，新的问题又层出不穷，实现经济全面复苏面临诸多不稳定、不确定因素。从近几年情况看，发达经济体经济走势出现分化，总体需求不足；主要新兴经济体面临比较大的下行压力，其中一些国家甚至面临着金融危机以来最困难的局面。

顶住经济下行压力，加快经济复苏，已经成为世界各国的共同愿望。为此，为发展谋求新的动力，寻找新的增长点，就成为各国的必然选择。为应对经济下行压力，迅速摆脱困境，有的国家甚至采取了逆全球化的做法，采取了一些不利于扩大经贸合作的政策，导致近几年来各种形式的国家主义和贸易保护主义有所抬头。在当前世界经济增长乏力、国际金融市场动荡的大背景下，各国都不应仅为眼前增长而采取短期行为。在经济全球化深入发展的形势下，合作是各国应对挑战、实现发展的必然选择，需要在共商、共建中塑造各国发展创新、增长联动、利益融合的世界经济，坚定维护和发展开放型世界经济。

中国是全球第二大贸易经济体、第一大外汇储备国和债权国，中国作为一个负责任的大国，在遵循国际通行准则的情况下，有意愿也有能力，在促进全球可持续发展上做出更大贡献，有必要拿出促进全球发展的"中国方案"，这个方案就是"一带一路"。

"一带一路"横跨亚欧非大陆,一头是快速崛起的东亚经济圈,另一头是高度发达的欧洲经济圈,中间的广袤区域曾经孕育了灿若星河的古代文明。工业革命以来,全球贸易体系主要依托海洋发展,二战后几次大的国际产业转移也沿着海洋演进,形成明显的"海强陆弱",即海洋国家发展在先,内陆国家发展滞后,形成巨大的贫富差距。这片广袤的"中间地带"正是由于远离重要的贸易通道,发展滞后于全球其他经济圈。但是这片区域人口众多,资源丰富,蕴含着巨大的发展潜力。同时,这些国家有着强烈的实现自己的工业化、现代化的愿望。通过"一带一路"的建设充分激发起这块区域的发展潜力,不仅有利于这块区域本身的崛起,也可带动整个亚欧非大陆的发展,进而促进全球经济的全面复苏。

◇◇二 增进不同文明互学互鉴的"中国智慧"

推进"一带一路"建设也为增进不同文明互学互鉴贡献了中国智慧。当今世界,有多少人在饱受文明冲突之苦?"冷战"结束后,冲突和战争不但没有在世界上消失,反而在某些地区和国家突出起来,文明的冲突、宗教的冲突不断加剧、升级,因此而爆发的恐怖主义威胁蔓延全球。

历史期待人类文明的更深互鉴。有学者认为,在古丝绸之路上,中华文明、印度文明、阿拉伯文明和欧洲文明形成了四个极点,古丝绸之路为不同文明"和而不同"做出了生动的诠释和最好的实证,古丝绸之路的繁荣昌盛昭告世人,"文明冲突"并非必然,不同文明之间完全可以和谐共处、共同发展。各种文明之间亦没有高低、优劣之分，傲慢和偏见是文明交流的最大障碍。文明交流互鉴不应以独尊某一种文明或贬损某一种文明为前提。在分裂主义、宗教激进主义、霸权主义等思想肆虐的当今世界，"一带一路"传承古丝绸之路所创造的文明交流、交往的精髓要义，为增进不同文明之间的互学互鉴贡献出了中国智慧，对于世界实现持久和平具有重大现实意义和推动作用。

"一带一路"摒弃了凭借强大的经济力量和军事力量将某一种文化强加于人的霸权思维，为人类不同文明之间交流、共存与共同发展提供新平台。不仅强调经济交流、制度建设，同时倡导对不同民族、不同宗教、不同文明秉持开放包容、互学互鉴、互利共赢的理念，促进民心相通，彼此相互接纳，文化多元共存，为和平奠定坚实基础，有力推动构建人类和平发展新格局。

◇◇三 推动全球治理体系变革的"中国担当"

推进"一带一路"建设也是推动全球治理体系变革的主动作为，体现了负责任大国的担当。2008年金融危机演变为世界经济危机的一个重要原因，在于全球经济贸易体系内存在的不平衡性。更深层次在于，冷战后的全球经济治理格局已不能满足生产力发展的需求，特别是忽视了发达经济体和广大发展中国家经济版图此消彼长这一客观现实。当今的世界，国际力量对比发生了深刻变化，新兴市场国家和一大批发展中国家快速发展，国际影响力不断增强，是近代以来国际力量对比中最具革命性的变化。二战以后确定的国际格局和国际秩序持续了 70 年，总体上保持了世界的和平与繁荣。但到现在也暴露出了许多问题，最主要的是关键秩序和规则都是发达国家来主导，比较多地体现了发达国家的利益，而发展中国家的利益体现得不够。数百年来，列强通过战争、殖民、划分势力范围等方式争夺利益。

现在，世界上的事情越来越需要各国共同商量着办，建立国际机制、遵守国际规则、追求国际正义成为多数国家的共识。在充分吸收各种文明的基础上，变革全球治理体制中不公平、不合理的安排，切实反映国际格局深刻变化，增加新兴市场国家和发展中国家的代表性和发言权，推动各国在国际经济合作中权利平等、机会平等、规则平等，推动全球治理规则民主化、法制化，努力使全球治理体制更平衡地反映大多数国家的意愿和利益，成为发展中国家的共同使命和要为之奋斗的目标。

"一带一路"建设的目标之一，就是要不断加强发展中国家的制度性话语权，促进全球经济治理体系朝着更加公平、公正、合理的方向发展。"一带一路"倡议强调"共商、共建、共享"原则，秉持和平合作、开放包容、互学互鉴、互利共赢的理念，以加强政策沟通、设施联通、贸易畅通、资金融通、民心相通为重要内容和主要抓手，加强同沿线国家发展战略对接，不断扩大彼此间战略契合点和利益汇合点，把打造命运共同体视为共同目标，顺应了世界多极化、经济全球化、文化多样化、社会信息化的历史潮流，致力于维护全球自由贸易体系和开放型世界经济，有助于促进经济要素有序自由流动、资源高效配置、市场深度融合和文明相互借鉴，是对全球治理模式的积极探索，将为世界和平发展增添新的正能量，贡献中国智慧。

为天地立心，为生民立命，为往圣继绝学，为万世开太平。"一带一路"以一种全新的理念、广阔的思维、多元的形式，倡导合作共赢的理念，实现沿线各国的共同利益。现在世界多极化、经济全球化、社会信息化深入推进，各国利益紧密相连。零和博弈、冲突对抗早已不合时宜，同舟共济、合作共赢成为时代要求。"一带一路"顺应时代趋势，强调大家共同发展，呼吁各方积极践行"合作共赢"的理念，彻底打破以往非输即赢、赢者一家独大的传统思维，倡导不同民族种族、不同宗教信仰、不同文明之间的互相包容、互相学习、互相借鉴、和谐共处，推动全球治理体系向更加公平、公正方向转化。这个倡议超越了以往各种倡议双边和多边的范畴。

中国方案，大道之行，沿线各国，斐然向风。这个倡议一经提出就得到了国际社会的广泛关注和沿线国家的积极响应。有的国家表示，这是中国以发展中大国的身份，以促进共同发展和积极承担国际责任为出发点，提供国际和地区公共产品的一次伟大尝试；还有国家认为，"一带一路"倡议有助于加快经济全球化和区域一体化进程，塑造世界经济新秩序；有的从文化角度解读，认为"一带一路"倡议充分体现了中华文化和而不同、厚德载物的包容精神和海纳百川、兼收并蓄的广阔胸怀，也有的从经贸角度解读，认为"一带一路"建设虽然是中国首倡，但是为所有参与国家都提供了广阔的商机。总之，"一带一路"被视为促进全球经济持续增长和促进地区形势长期稳定的重大举措。

中国作为"一带一路"的首倡者，理应为"一带一路"建设的实施做出积极的努力。在"一带一路"提出三年多的时间里，中国方面研究制定了"一带一路"建设的战略规划，发布了共建"一带一路"的愿景与行动，为"一带一路"建设做出了顶层设计，描绘了宏伟蓝图。中国以"共商、共建、共享"为基本理念和原则，与沿线许多国家开展了战略对接，形成了广泛的国际共识，与有关国家和国际组织签署了50多份共建"一带一路"的合作协议，结成了互信友好、充满活力的共建"朋友圈"。以基础设施互联互通和国际产能合作为"双核心"，一批重大项目启动建设，匈塞铁路、雅万高铁、中老铁路、卡拉奇高速公路、巴基斯坦喀喇昆仑公路二期升级改造、中俄和中亚油气管线、希腊比雷埃夫斯港、瓜达尔港等互联互通基础设施建设取得重大进展，中欧班列统一了品牌，累计开行近3000列；与20多个国家开展了机制化的国际产能合作，已设立多个双边多边产能合作基金，钢铁、装备制造、汽车、电子等十多个重点领域国际产能合作有序推进，助推了沿线国家工业化进程。沿线50多个境外合作园区建设顺利，中白工业园、中泰罗勇工业园等已成为中国企业"走出去"的亮丽"名片"。与沿线国家的人文交流、民生合作蓬勃开展，沿线国家人民之间的友好往来得到加强，"一带一路"建设的民意基础进一步提升。总之，"一带一路"建设从无到有，由点及面，进度和成果远超预期，呈现出蓬勃发展的良好态势。

无冥冥之志者，无昭昭之明。无惛惛之事者，无赫赫之功。只要我们坚持"一带一路"倡议所提出的方向，并共同为之努力，我们终将迎来一个更美好的世界！

"一带一路"——新型全球化的 认识与实践

全国人大外事委副主任委员

蓝迪国际智库专家委员会主席

赵白鸽

自20世纪80年代以来，以贸易自由化、生产国际化、资本和科技全球化为主要特征的经济全球化飞速发展。全球化是社会生产力发展的客观要求和科技进步的必然结果，它促进了世界经济的增长，推动了商品和资本的流动，进而推动了科技革命和生产力的不断发展。

然而我们也看到，当前世界经济复苏进程依然曲折艰难，新一轮科技和产业革命增长动能尚在孕育，传统发展模式难以为继。一些国家民粹主义、保护主义、孤立主义抬头，国际贸易和投资低迷，多边贸易体系谈判停滞不前，去全球化声浪高涨。全球地缘政治形势错综复杂，传统与非传统安全问题叠加，国际和地区热点、难点问题更加复杂难解，可持续发展、气候变化、恐怖主义、网络安全、公共卫生安全、能源资源安全等全球性问题更加突出。全球形势正进入一个新的不确定和动荡周期。

面对层出不穷的挑战和风险，部分人将其归咎于经济全球化，曾长期倡导引领全球化并从中获益巨大的西方国家逆全球化思潮暗流涌动，美国特朗普当选总统和英国公投选择脱欧等重大政治事件更将全球化推到一个战略十字路口。是互利共赢、携手合作，还是以邻为壑、本国优先？国际社会将何去何从？

◇一　对新型全球化的认识

诚然，世界经济下行凸显增长和分配、资本和劳动、效率和公平之间的矛盾，暴露出当前经济全球化过程中贫富差距扩大、国家和地区间发展不平衡等问题，这些都是我们要正视并致力于解决的。然而，"因噎废食""逆势而动"既不符合历史发展规律，也无助于问题解决。80 多年前的美国，正处于世界经济危机带来的最严重衰退和萧条时期，总统罗斯福在就职演说中谈到"最令人恐惧的是恐惧本身"，给黑暗和绝望中的美国人民送去信心和勇气，并通过实施新政带领美国走出危机、再度繁荣。过去 30 多年来，经济全球化发展迅速，由此带来资本、信息、资源、产品、人员、技术、思想等要素的跨国流动，极大地促进了世界经济的融合与快速增长。从历史维度看，以 20 世纪 80 年代亚洲"四小龙"为代表的"东亚经济奇迹"和 20 世纪以来以中国、印度为代表新兴经济体的崛起，都离不开经济全球化的总体国际环境。对于当今世界面临的种种问题和挑战，故步自封或独善其身无法确保自身安全，更难以维护国际社会的长治久安。我们应抱着理性的态度看待全球化，肯定其成绩和益处，承认其问题和不足，以创新和发展思维探索新型全球化路径，合作应对，综合施策，推动构建包容、公正、合理的全球治理模式。

近年来，国际格局经历深度调整，世界秩序处于一个几百年未有之大变局，进入一个较长的重组期，全球范围的公共治理或出现巨大真空，一定程度的冲突和失序成为常态，全世界都在渴望更为公正的国际秩序。这一国际新秩序应更符合对等与互惠原则的国际合作，更尊重多元化的发展道路，更具包容性的经济增长，更能够体现"休戚与共"与"和而不同"的价值观。中国提出的"一带一路"倡议正是在当前渐趋失序和发展不平衡的背景下探索新型全球化方案的重要纲领和行动计划。

新型全球化是指开放、包容、普惠和共享的全球化过程。开放是指多种合作机制共存共赢，而非满足既得利益者的私利；包容是指各国从本国国情和实际出发，尊重各自的选择；普惠是指共同筑就命运、责任和利益共同体，共享全球化带来的利益；共享是指坚持以全人类的整体利益为中心，实现全球的共同发展。

建设"一带一路"是完善全球治理、重振世界经济的战略举措。"一带一路"倡议的提出，旨在借鉴先人古老智慧和结合当今世界现实的基础上，同沿线各国分享中国发展机遇，实现共同繁荣。2014 年，中国制定了《丝绸之路经济带和 21 世纪海上丝绸之路建设战略规划》；2015 年，中国发布了《推动共建丝绸之路经济带和 21 世纪海上丝绸之路的愿景与行动》。中国等新兴经济体正为全球发展提供持续的动力。建设"一带一路"作为中国主动参与国际治理与经济合作的重大倡议，是对全球可持续发展做出的重大贡献。迄今，已经有 100 多个国家和国际组织参与其中，一批有影响力的标志性项目逐步落地。"一带一路"建设实施以来，从无到有、由点及面，进度和成果超出预期，也进入到全面启动、深入推进的关键时期。

◇◇二 对"一带一路"的认识

（一）新型全球化期待新的载体

"一带一路"倡议由中国提出，但"一带一路"事业属于全人类。中国国家主席习近平于2013年正式提出共建"一带一路"的合作倡议，旨在通过加强国际合作，对接彼此发展战略，实现优势互补，促进共同发展。"一带一路"从来不是中国的独角戏，而始终是各国合奏的交响乐，不仅对沿线国家开放，也欢迎整个国际社会积极参与。古代丝绸之路就是中国和沿线国家政治、经济、贸易、文化交流的共同舞台。"一带一路"倡议传承古丝绸之路的开放、包容、合作精神，并结合世界多极化、经济全球化，赋予其新的时代内涵，致力于通过该倡议打造各国利益、责任和命运共同体。

全球化是不可逆转的世界潮流，为世界经济增长提供了强劲动力，尽管全球经济当前遇到挫折，但全球化是历史发展的必然趋势。对当今全球化存在的问题，应大胆改革和创新，找到解决问题的治本之策，推动构建包容、公正、合理的新秩序，普惠世界各国人民。

新型全球化需要创新内容和合作机制。过去30多年来的全球化本质上是西方主导、体现西方理念和价值观，获益最大的也是发达国家，广大发展中国家在全球化中总体处于弱势和不利地位。新型全球化应坚决摒弃原有不公正不合理元素，坚持平等相待和相互尊重，高举"和平、发展、合作"的旗帜，让全体参与国家和人民从中受益；应强调"共商、共建、共享"原则，保证每个国家、每一个参与人都享有公平发展的机会；应利用全球化的运作模式，将平台整合机制与现代化科技相结合，推动国家、地区间交流合作；应以需求导向、项目导向、结果导向为目标，务实推进经济、社会可持续发展。

（二）新型全球化仍然面临巨大挑战

新型全球化需要通过"共商"寻求共识。国际关系要实现民主化，各国无论大小强弱，主权一律平等。针对如何推动和实现新型全球化，国际社会应共同协商讨论，倾听各国呼声和诉求，最大限度凝聚共识。

新型全球化需要通过"共建"深化合作。新型全球化是国际社会的共同事业和目标，各国都要发挥主人翁精神，积极投身建设，实现政策沟通、道路联通、贸易畅通、货币流通和民心相通，密切利益纽带，夯实合作基础。

新型全球化需要通过"共享"普惠全球。新型全球化的根本落脚点在于让各国共享成果，普惠世界。我们不仅要通过新型全球化缩小南北经济社会发展差距，解决贫困、气候变化、公共卫生安全、能源资源安全等全球性问题，消弭地区热点和武装冲突，还要为各国人民追求个人幸福和自我价值实现创造更为有利的国际环境。

（三）新型全球化与新长征

当前，新型全球化面临多重阻力。这些阻力来自部分国家的反对和阻挠，来自地区摩擦与冲突带来的挑战。目前世界经济仍未走出 2008 年国际金融危机的深层次影响，复苏脆弱乏力，增长基础不稳。保护主义上升，逆全球化思潮抬头，开放与保守、变革与守旧、经济一体化和区域贸易"碎片化"的矛盾凸显。但在基础设施、互联互通和可持续发展等领域，双边和多边、区域和全球的合作势头渐起，各国更加重视发展实体经济，强调制造业的重要地位，促进再工业化和经济多元化。我们要抓住新的发展机遇，迎接挑战，部署新形势下的伟大长征。

"一带一路"是推动新型全球化的新长征。2000 多年前，古丝绸之路沿线各国打破藩篱，互通有无，和平交往，书写了人类历史的辉煌篇章。在推动新型全球化的过程中，会遇到各种艰难险阻、各种风险挑战，但人类发展的脚步绝不会停滞，总会在曲折中螺旋式上升。这需要我们有深刻的思考和务实的对策，需要运用科技的发展推动全球化以达到新的高度。"一带一路"倡议植根于和平合作、开放包容、互学互鉴、互利共赢的丝路精神，秉持共商、共建、共享的合作理念，竭力驱散经济低迷的阴霾，将为世界经济增长注入更多正能量。

（四）新型全球化必须通过创新来实现

应创造新的合作机制和治理模式，重塑全球化格局和话语权。本轮新型全球化将会突出三大特点:一是由西方国家主导转化为发达国家、发展中国家共同参与决策;二是发展成果全球共享,防止贫富差距进一步扩大;三是新型科学技术的使用,提升合作与治理的深度与广度。"一带一路"作为由发展中国家提出的合作倡议,秉承"共商、共建、共享"理念,注重政策沟通、设施联通、贸易畅通、资金融通、民心相通,聚焦经济合作特别是基础设施建设,契合沿线国家和本地区发展的需要,有效推动新型全球化框架下的合作机制和治理模式。

在倡议框架下,应根据区域国家历史、文化传统、经济发展水平,展开有针对性的合作。应根据地区特点,积极推进中巴、中国—中亚—西亚、中蒙俄、新亚欧大陆桥、中国—中南半岛、孟中印缅六大经济走廊建设。

国际合作应坚持平等互利原则,以能力建设与提高为目的,培育自我造血和内生发展能力,倡导绿色发展,重视以人为本和民生项目。实现参与国家和民众的收益与福祉最大化,最终实现每一个人自由而全面的发展。

◇三 参与"一带一路"的实践

作为国际化的中国特色新型智库平台,蓝迪国际智库凝聚了国内外政党、政府、议会、智库、企业、金融机构、社会组织、行业协会、国际组织等各方面资源,围绕国际重大项目推动研究与发展,推动实现理论和方法论的创新,组织跨学科、多视角的研究,力争提出有现实意义和政策影响的真知灼见。蓝迪国际智库致力于打造整合资源的平台和网络,服务中央决策,支持中国企业,推动"一带一路"伟大战略的落实。

自 2015 年 4 月成立以来，蓝迪国际智库为参与"一带一路"建设的各类企业与沿线国家和地区的积极对接，提供了大量需求导向性的服务，并在促进中国与巴基斯坦、伊朗、哈萨克斯坦、印度尼西亚等国家的合作中取得重大进展。

（一）资源整合平台

蓝迪国际智库是创新整合资源的平台。蓝迪凝聚国内外政党、政府、议会、智库、企业、金融机构、社会组织、行业协会、国际组织等各方面资源（见图 1），围绕国际重大项目推动研究与发展，推动实现理论和方法论的创新，组织跨学科、多视角的研究，力争提出有现实意义和政策影响的真知灼见。通过国际、国内资源联动，社会、市场和政府联动，多边与双边机制，凝聚优势资源，对接发展需求，评估综合环境，识别风险因素，提出应对策略，提供系统服务。

图 1　蓝迪智库整合各方面资源

（二）深化国际合作

蓝迪国际智库面向世界，整合各方资源，在合作发展国际研讨会和实地调研基础上，成立以"一带一路"重点国别为单位的专家委员会，由该国富有声望、影响力强的领导人担任共同主席，选择两国各领域有影响力和实干精神的专家为专家委员会成员，促进双边合作向组织化、机制化发展，以专家委员会国别小组共同主席机制为依托，以七大服务组为支撑，以"共商、共建、共享"为原则，在"一带一路"沿线国家系统推进合作，全面服务"一带一路"战略。

（三）服务企业发展

蓝迪国际智库形成了以法律服务、政策研究、技术标准、信息服务、金融支持、文化与品牌、能力建设等七大服务组为主体的服务平台（见图2），组织了各相关专项领域的研修班和研讨会，为企业"走出去"提供务实的平台和网络服务。

蓝迪还建立了完善的企业合作体系，整合了包括能源、制造、信息、物流、金融、基础设施、农林牧渔、食品、医药、房地产、纺织、矿业、园区等众多行业骨干企业或机构团队（见图3）。截至2016年12月，蓝迪国际智库平台已凝聚282家企业和机构。针对企业需求，通过专业服务组，蓝迪国际智库积极推动政府、企业和行业资源，带领企业抱团出海，为企业实质性参与"一带一路"建设提供了大量系统性的服务和支持。

图2 蓝迪智库七大服务平台

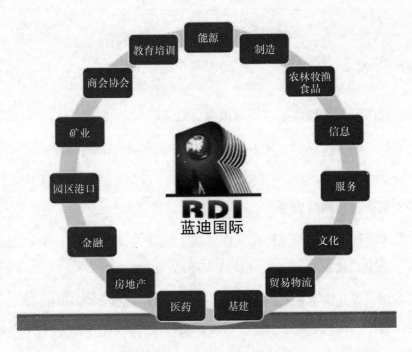

图3 蓝迪智库整合众多行业企业

（四）关注重点国家

蓝迪国际智库从旗舰项目中巴经济走廊切入，扩大区域合作，连接中蒙俄、新亚欧大陆桥、中国—中亚—西亚、中国—中南半岛、中巴、孟中印缅六大经济走廊，紧紧抓住"一带一路"六条经济走廊政治、经济、社会和文化领域的影响，以项目驱动的形式推动实质性合作。蓝迪智库已经开展与巴基斯坦、伊朗、哈萨克斯坦、印度尼西亚的深入合作，并将于 2017 年陆续与缅甸、斯里兰卡、孟加拉国、俄罗斯开展深入对接。

蓝迪国际智库积极搭建国别和区域合作平台。例如，"丝绸之路经济带"新疆·克拉玛依论坛，促进了经贸往来和民心相通。2015 年和 2016 年，论坛分别签署总价值为 103 亿元和 625 亿元人民币的合作备忘录，表达了企业参与"一带一路"建设的意愿与热情，论坛规模由巴基斯坦一国发展为巴基斯坦、伊朗、哈萨克斯坦三国，论坛涉及行业拓展为基础设施、新能源、新材料、制造业和园区建设，产生越来越广泛的影响。2017 年，论坛将移师伊斯兰堡，通过在国际舞台的亮相进一步拓展论坛的深度和影响力。

以"一带一路"倡议引领的新型全球化是一次新的长征。当前国际社会面临的挑战反映出现阶段世界经济增长、全球治理、发展模式的缺陷和不足，亟须寻求合理、长效解决方案。我们既要有分析问题的智慧，更要有付诸行动的勇气。坚持创新驱动，打造富有活力的增长模式；坚持协同联动，打造开放共赢的合作模式；坚持与时俱进，打造公正合理的治理模式；坚持公平包容，打造平衡普惠的发展模式。

· 经过近40年的改革开放历程，中国已经成为世界第二大经济体，中国发展取得了举世公认的巨大成就。无论过去、现在还是未来，中国是经济全球化的参与者、受益者和贡献者，将继续为推动新型全球化过程发挥力所能及的作用。在新型全球化的征程中，中国愿与世界各国联动发展，促进全球经济平衡，消除贫困，促进包容性增长，为开放性世界经济发展提供更多动力和思路，与国际社会一道建设"一带一路"并推动新型全球化进程。

第二部分
"一带一路"节点国家进展及意义

"一带一路"与新型全球化

中国人民大学国际关系学院教授

王义桅

　　全球化的命运是与丝绸之路的兴衰分不开的。历史上的丝绸之路非常辉煌。欧洲传教士盖群英在漫长的丝绸之路旅程中如此记述："宽而深的车辙分分合合，犹如江面上的涡流。在这条路上，无数人走过了几千年，形成了一条永不止息的生命之流……"1453 年，奥斯曼帝国崛起，把东西方贸易文化交流的桥梁切断了（史称"奥斯曼之墙"），欧洲人被迫走向海洋并殖民世界，从而改变了整个世界格局，变成了西方中心的时代，海洋主导的世界，开创海洋型全球化。其后，英美发起的盎格鲁—撒克逊全球化，到新自由主义阶段后带来全球化繁荣的同时，也酿成今天全球化的种种悖论。"一带一路"倡议的提出，超越并扬弃传统全球化，开创新型全球化。

◇一 全球化悖论

20 世纪 80 年代，里根—撒切尔推行的新自由主义，推动了以贸易自由化、生产国际化、资本全球化、科技全球化为主要特征的经济全球化飞速发展，并最终帮助西方阵营赢得了冷战。美国人一度认为全球化就是美国化，宣称"历史的终结""世界是平的"，政治上推行普世价值和西方民主政治，在经济上推行资本主义世界经济体系，试图让全球在政治、经济等各方面按照西方模式实现标准化。然而，全球化的双刃剑也在解构美国霸权，政治多极化、经济全球化、文化多样化、社会信息化加速发展，产生去中心化效应。全球化开始走向碎片化，呈现出种种全球化悖论。

（一）单向度全球化

按照世界银行数据，当今世界产出的八成来自于沿海地区 100 公里的地带，因为地球 71% 的面积被海洋覆盖，90% 的贸易通过海洋进行。这种西方中心的海洋型"全球化"其实是"部分全球化"（partial globalization)，或曰单向度全球化。正如《共产党宣言》描绘的："正像它使农村从属于城市一样，它使未开化和半开化的国家从属于文明的国家，使农民的民族从属于资产阶级的民族，使东方从属于西方。"

（二）　中心—边缘模型分工体系

传统全球化形成了一套"世界分工体系"，极大地整合了全球产业链效率。这种分工体系基本上是跨国公司的全球市场配置形成的。跨国公司发展促进了生产、资本、贸易、技术的全球化，而跨国公司绝大多数是西方发达国家的。发达国家掌握了资本和核心技术，在中心—边缘模型分工体系下，它们攫取了大量的非对称利益。

（三）　文明等级秩序

全球化由西方发达国家发起，这个国家群的主体文明是基督教文明，基于"一神教"的特性，基督教文明（尤其是新教文明）拥有相当强的征服性和排他性，所以传统贸易、资本的全球化也带来了西方中心主义价值观的全球化，其表征就是推广"普世价值"和输出"民主革命"。这本质上形成文明等级秩序，其典型特征就是地缘政治和法律意义上的内外有别："国际公法属于界内，是理性社会创造的了不起的成就，在友好界限之内的欧洲国家必须相互尊重主权，维护国际法、履行公民社会的所有义务。可一旦欧洲人跨越友好界限，来到外部世界或化外之地，他们就没有义务必须遵守欧洲国际法，即所谓'界外无和平'。"

（四）区域化与全球化悖论

传统全球化理论认为，区域一体化是全球化的初级阶段，全球化是区域一体化的终极阶段。但在实际操作中，凡是区域一体化程度高的超国家组织会自然出现一种"圈子化"的内化性，从而抵触进一步全球化，最典型的例子就是欧盟。在本轮世界经济危机之前，欧盟80%以上的"外贸"都是在成员国之间进行的，这种"自闭"当然不利于全球化的发展。英国脱欧表明通过欧洲地区一体化推进全球化的逆转，不惜以退出欧洲单一市场的硬脱欧方式更好拥抱全球化。

如何克服上述全球化悖论？如何改革全球化使之获得可持续发展？2010年，中国超过美国成为第一大工业制造国，三年后提出"一带一路"倡议，表明中国正引领世界工业化进程，因为全球化就缘于工业化。全球金融危机爆发后，世界经济增长三成以上来自中国的贡献。国际社会的全球化期待目光越来越投向中国，投向"一带一路"。

◇◇二 "一带一路"：彰显中国模式与文化理念

"一带一路"，全称叫"丝绸之路经济带"和"21世纪海上丝绸之路"。有三个关键词，第一个是"21世纪"。"一带一路"首先是由铁路、公路、航空、航海、油气管道、输电线路、通信网络组成的综合性立体互联互通的交通网络，其核心词是互联互通——万物互联、人机交互、天地一体，鲜明体现 21 世纪特色。第二个是"带"，是经济带、经济走廊与经济发展带，是中国改革开放模式经验的体现。共建"丝绸之路经济带"，以点带面，从线到片，逐步形成区域大合作。第三个是"路"。中国人有句话："要致富，先修路；要快富，修高速；要闪富，通网路"，在中国，"路"还不是一般的路，是道路，"路"只是实现"道"的一种方式。"道"怎么说的呢？《道德经》第 42 章说，道生一，一生二，二生三，三生万物。今天的道就是命运共同体。因此，"一带一路"不是一条，而是很多很多条，大家都有份，因为它是开放的、包容的。

通过说文解字，就不难明白，"一带一路"是既有中国文化又有中国特色的发展模式，但这个中国特色越来越对别的国家产生吸引力，具有世界意义。近年来，广大发展中国家对西方模式日益失望乃至绝望，而对中国模式越来越感兴趣，赞赏中国脱贫致富、快速发展的奇迹。过去，中国对外援助不附加政治条件，减少了发展中国家对西方的援助依赖；现在，中国投资模式又区别于西方模式，正在补发展中国家经济发展的短板。像乌兹别克斯坦这样的双重内陆穷国，按市场经济是很难获国际金融机构贷款的，但获得了国家开发银行贷款，彰显"政府＋市场"双轮驱动的中国模式魅力。印尼雅万高铁之所以中方击败日方胜出，就在于中方绕开了印尼方政府担保的前提，背后都是中国国有银行的支持。中国模式在非洲正大显身手。非洲第一条中国标准跨国电气化铁路，从设计、施工到运营，全都采用中国模式。肯尼亚的蒙内铁路和蒙巴萨港口建设也是如此。

"一带一路"还体现了中国理念：共商、共建、共享。

首先，中国倡导"共商"，即在整个"一带一路"建设当中充分尊重沿线国家对各自参与的合作事项的发言权，妥善处理各国利益关系。沿线各国无论大小、强弱、贫富，都是"一带一路"的平等参与者，都可以积极建言献策，都可以就本国需要对多边合作议程产生影响，但是都不能对别国所选择的发展路径指手画脚。通过双边或者多边沟通和磋商，各方可找到经济优势的互补，实现发展战略的对接。其次，中国倡导"共建"。"商讨"毕竟只是各方实质性参与"一带一路"建设的第一步，接下来要进一步做好"走出去"的服务工作，同时鼓励沿线国家在引入资金、技术后培养相关人才，增强自主发展能力。只有做到了前面两点，才能保证"一带一路"建设的成果能够被沿线国家所共享。

◇◇三 "一带一路"对传统全球化的超越

如果我们把作为古代东西方贸易与文明交流之路的丝绸之路称为全球化1.0时代：其单元是文明，载体是欧亚大陆，动力是贸易—文化，遵循"和平合作、开放包容、互学互鉴、互利共赢"丝路精神；近代西方开创的全球化称为全球化2.0时代：以民族国家为单元，通过海洋实现全球贸易—投资扩张，确立西方中心世界；那么，"一带一路"是21世纪的洲际合作倡议，不只是打通历史上中断的丝绸之路，而是借助丝绸之路的历史概念，开创新型全球化——全球化3.0时代：秉承"万物互联"（ANT all things connected），运用3D打印机、大数据和智慧城市，推动E-WTO进程，开发和应用包容性技术——改变传统技术让强者更强、弱者更弱的状态，创新和实施包容性制度安排——推动国际贸易、投资规则更加公正、合理、包容,开创包容性全球化(inclusive globaliza-tion)(见表1)。

表1 全球化进程

	单元	载体	动力	法则
全球化1.0	文明	欧亚大陆	贸易+文化	丝路精神
全球化2.0	民族国家	海洋	贸易+投资	西方中心
全球化3.0	文明型国家	"一带一路"	互联互通	合作共赢

传统全球化——关税减让,最多能推动世界经济增长5%,而新型全球化——互联互通,将推动世界经济增长10%—15%。因此,"一带一路"给全球化提供更强劲动力,并推动改革传统全球化,朝向开放、均衡、包容、普惠方向发展。彭博社预测,到2050年,"一带一路"会新增30亿中产阶级。未来10年,新增2.5万亿美元贸易。"一带一路"首先着眼于基础设施的互联互通。按照世界银行前高级副行长林毅夫教授模型,发展中国家每增加1美元的基础设施投资,将增加0.7美元的进口,其中0.35美元来自发达国家。全球基础设施投资将增加发达国家的出口,为其创造结构性改革空间。

◇◇四 打造"新型全球化"的路径与前景

"一带一路"完全可能成为打造新型全球化的重要尝试,其路径有:

（一）文明的共同复兴

从人类文明史看，"一带一路"修订内陆文明从属于海洋文明、东方从属于西方的西方中心论，重塑均衡、包容的全球化文明，推动欧亚大陆回归人类文明中心地带。

"一带一路"肩负推动人类文明大回归的历史使命。

首先是推动欧亚大陆回归人类文明中心。近代以来，西方文明勃兴于海洋，东方文明走向封闭保守，进入所谓的近代西方中心世界。直至美国崛起，西方中心从欧洲转到美国，欧洲衰落，历经欧洲一体化而无法根本上挽回颓势。如今，欧洲迎来了重返世界中心地位的历史性机遇，这就是欧亚大陆的复兴。

其次是改变边缘型国家崛起的近代化逻辑。近代以来，葡萄牙、西班牙、荷兰、英国相继从海洋崛起，并通过地理大发现与海上殖民确立世界霸权，直至二战后的美国。然而，这些国家皆非处于人类文明中心地带的文明古国，而是作为世界岛的欧亚大陆的边缘国家或海洋国家，故此称霸周期无一例外没有超过 130 年。"一带一路"推动大河文明和古老文明复兴，正在改变近代边缘型国家崛起的历史，纠偏海洋主宰大陆、边缘主宰核心的局面。

"一带一路"将人类四大文明——古埃及文明、古巴比伦文明、古印度文明、中华文明，串在一起，通过由铁路、公路、航空、航海、油气管道、输电线路和通信网络组成的综合性立体网络互联互通，推动内陆文明、大河文明的复兴，推动发展中国家脱贫致富，推动新兴国家持续成功崛起。一句话，以文明共同复兴的逻辑超越了现代化的竞争逻辑。

（二）开创文明秩序

"一带一路"开创以文明国为基本单元的文明秩序，超越近代以民族国家为基本单元的国际秩序，实现了国际政治从地缘政治、地缘经济到地缘文明的跨越，从三个方面创新了文明的逻辑。

一是以文明交流超越文明隔阂。交流的前提是平等。不同于近代以来西方的殖民主义、帝国主义和霸权主义，以国际掠夺、竞争为常态而合作、妥协为非常态，也不同于战后西方对外援助等各种名目的国际合作模式，"一带一路"依靠中国与沿线国家已有的双多边机制，借助既有的、行之有效的区域合作平台，高举和平、发展、合作的旗帜，主动地发展与沿线国家的经济合作伙伴关系，把中国现在的产能优势、技术优势、资金优势、经验和模式优势转化为市场与合作优势，将中国机遇变成世界机遇，融通中国梦与世界梦。

二是以文明互鉴超越文明冲突。互鉴的前提是尊重。尊重文明差异性在现实生活中的体现，就是尊重发展模式多样性，鼓励各国走符合自身国情的发展道路，建立文明伙伴关系，实现"美美与共、天下大同"。"一带一路"不是去复兴古丝绸之路，而是复兴和平合作、开放包容、互学互鉴、互利共赢的丝路精神。

三是以文明进步超越文明优越感。进步的前提是学习。"凡益之道，与时偕行。"学习其他文明，学习时代新知识，才能与时俱进，适应时代发展需要，否则就会故步自封，在自我为中心的优越感中被时代淘汰。

当今世界，新产业革命和产业结构调整蓄势待发，国与国争夺的焦点在于创新，创新成为国家竞争力的来源和缩小南北国家差距的重要手段。中国逐渐成为创新领先者，所提出的"一带一路"着眼于 21 世纪的全球化，推动人类文明创新和各种文明的共同进步。

（三）陆海连通

从空间角度来讲，"一带一路"很大程度上帮助那些内陆国家寻找出海口，实现陆海连通，比如欧洲有"三河"（易柏河、多瑙河、奥得河）通"三海"（波罗的海、亚得里亚海、黑海）的千年梦想。"一带一路"激活了这一梦想，助推欧洲互联互通，形成中欧陆海快线、三海港区的大项目。另外一个是实现规模效应，现在欧洲越分越小，"一带一路"提出以后，能够把小国连通在一起，建立大市场，尤其把内陆和海洋连在一起，实现陆海连通。这是"一带一路"受欢迎的重要原因。

（四）全球化的本土化

"一带一路"不是企业"走出去"，是"走进去"，跟当地国家的发展项目相结合，要适应当地的民俗、宗教，用当地人所希望的形式"落地生根"，呈现"欧洲生产，欧洲消费""非洲生产，非洲消费"局面。

"一带一路"扬弃传统全球化，如能开创"新型全球化"，其前景正在于以下方面。

一是打造开放、包容、均衡、普惠的合作架构。所谓开放：从发展中国家向发达国家开放，到相互开放。所谓包容：公平合理分享全球化成果，实现国与国、内陆与沿海之间的共同发展。所谓均衡：南北均衡、产业均衡、地域均衡。所谓普惠：让老百姓从全球化中有更多的获得感、参与感和幸福感。

二是创新合作模式、观念。作为对互联网时代的超越，万物互联、人机交互、天地一体的时代正在到来。"一带一路"的关键词不只是丝绸之路，而是21世纪；不是简单复兴古丝绸之路，而是借助古丝绸之路记忆，在21世纪复兴丝路精神，推动中华文明转型，解决人类面临的普遍性问题。前者被称为"一带一路1.0"，后者称为"一带一路2.0"。"一带一路2.0"开创欧亚大陆时代2.0——陆海连通、海洋时代2.0——深海时代，从地理大发现到时空大发现。"一带一路2.0"时代空间拓展到赤道、北极，延伸到南美等，以开放包容精神，开创新的全球化，将中国传统"天地人"思维拓展到"天地人海空网"，实现人机交互、天地一体、万物互联，打造21世纪人类新文明，推动中国成为新的领导型国家，通过再造世界而再造中国。

新型全球化让全球化呈现中国色彩，打上"一带一路"烙印，坚持共商、共建、共享原则，需要世界各国共同努力，进程绝不会一帆风顺，更不是想当然就能实现的。"一带一路"建设所面临的种种风险，为此做了注脚。

一带一盟一组织——共同繁荣的保障

中国社会科学院俄罗斯东欧中亚所所长、研究员

蓝迪国际智库专家委员会委员

李永全

2015 年 5 月 8 日，中国国家主席习近平访问莫斯科期间，两国领导人签署了《中华人民共和国与俄罗斯联邦关于丝绸之路经济带建设和欧亚经济联盟建设对接合作的联合声明》。这是"一带一路"倡议提出以来，中国首次与伙伴签署涉及发展战略对接的合作文件。这个文件的签署为中国与俄罗斯和欧亚经济联盟国家的务实合作奠定了坚实的政治基础。

◇◇一 走向理解与共识

2013 年 9 月 7 日，中国国家主席习近平访问中亚期间，在哈萨克斯坦纳扎尔巴耶夫大学演讲时，提出"为了使我们欧亚各国经济联系更加紧密、相互合作更加深入、发展空间更加广阔，我们可以用创新的合作

模式,共同建设'丝绸之路经济带'"的重要倡议。他指出,这是一项造福沿途各国人民的大事业。

在如何实施"丝绸之路经济带"建设问题上,习近平主席建议从五个方面以点带面,从线到片,逐步形成区域大合作。这五个方面是:①加强政策沟通;②加强道路连通;③加强贸易畅通;④加强货币流通;⑤加强民心相通。在谈到加强贸易畅通时,习近平主席指出,"丝绸之路经济带"总人口近30亿,市场规模和潜力独一无二。各国在贸易和投资领域合作潜力巨大。各方应该就贸易和投资便利化问题进行探讨并做出适当安排,消除贸易壁垒,降低贸易和投资成本,提高区域经济循环速度和质量,实现互利共赢。

"丝绸之路经济带"倡议提出后,在国际社会引起巨大反响,得到地区国家的欢迎。尤其在哈萨克斯坦,"丝绸之路经济带"倡议从一提出就得到纳扎尔巴耶夫总统的支持。中亚其他国家也从这个倡议中体味到某种新的合作机遇,对这个倡议的实施充满期盼。

但是,这个倡议所包含的区域合作新理念并没有被各方立刻理解和接受。有的专家把这个倡议理解为新的地缘政治博弈,或者理解为区域一体化进程。在俄罗斯,最先做出反应的是俄罗斯铁路公司。俄罗斯铁路公司对"丝绸之路经济带"建设的第一个反应是,该倡议的实施可能会影响西伯利亚大铁路的效益和前景。

西伯利亚大铁路,又称西伯利亚干线,始建于沙俄时期,横跨欧亚大陆,是连接莫斯科(南线)和圣彼得堡(北线)与东西伯利亚和远东大工业城市的铁路,全长9298.2公里,也是世界上最长的铁路,最高点海拔1019米。历史上,西伯利亚大铁路指东段部分,即从南乌拉尔车里雅宾斯克的米阿斯到符拉迪沃斯托克的部分。该段全长 7000 公里，修建于 1891—1916 年。

目前，西伯利亚大铁路连接俄罗斯欧洲部分、乌拉尔、西伯利亚和远东。西伯利亚大铁路的技术能力为每年运输 1 亿吨货物。2010 年俄罗斯运输部长列维金发表声明，称西伯利亚大铁路的吞吐能力已经达到极限。近些年，在开发远东和西伯利亚的舆论声中，俄罗斯铁路公司计划对西伯利亚大铁路进行改造，把运输能力提高到 1.2 亿吨/年。俄铁专家认为，中国倡议的"丝绸之路经济带"建设，基础设施是重要内容，而一旦中国与中亚国家和独联体地区其他国家的基础设施建设全面铺开，将严重影响西伯利亚大铁路的前景，分散本应经过远东地区的物流。

中俄两国专家、学者以及官员经过沟通，理清了各自的关切，消除了误解。2014 年 2 月，习近平主席在出席索契冬奥会开幕式期间会见了俄罗斯总统普京。中俄两国元首对中俄关系的发展做出战略规划，普京总统明确表示："俄方积极响应中方建设丝绸之路经济带和海上丝绸之路的倡议，愿将俄方跨欧亚铁路与'一带一路'对接，创造出更大效益。"这里所说的跨欧亚铁路就是西伯利亚大铁路。这说明，中俄双方经过有效沟通，成功消除了误解。

与此同时，俄方还有一个担心，即担心"丝绸之路经济带"建设影响俄罗斯主导的欧亚一体化进程。这个一体化进程的具体形式和初步成果是欧亚经济联盟。

欧亚联盟或欧亚经济联盟的思想是普京总统于 2011 年 10 月提出的。按照普京总统或俄罗斯的构想，欧亚经济联盟将联合原苏联地区所有条件成熟的国家，建立紧密的经济和政治联系，建立统一的安全空间。普京总统明确表示，俄罗斯将与欧亚联盟国家一起成为多极世界的一极。俄罗斯主导的欧亚一体化或欧亚经济联盟进程受到来自美国和整个西方世界的抵制。2013年爆发的乌克兰危机是俄罗斯与美国和西方在俄罗斯振兴或俄罗斯主导的一体化进程中博弈的结果。不仅如此，俄罗斯某些专家还认为，在独联体地区有若干进程与俄罗斯主导的一体化抗衡，如欧盟主导的进程、美国主导的"颜色革命"进程，现在又出现"丝绸之路经济带"。这种认识或误解无疑会影响"丝绸之路经济带"倡议的实施，甚至会影响中俄关系的大局。

中俄关系是比较成熟的国家关系。在双边关系中有各种各样的接触和沟通渠道，从国家领导人的高层会晤到学者的交流机制。在"丝绸之路经济带"问题上的误读很快得到纠正，双方在高层达成共识。2014年5月20日，普京总统访华，其间中俄两国领导人签署了《中俄关于全面战略协作伙伴关系新阶段的联合声明》，联合声明指出："双方认为，欧亚一体化合作进程对保障地区经济发展、加强地区安全稳定、促进地区建立共同无分界线的经济和人文空间发挥着重要作用。双方相信，拟于2015年1月1日建立的欧亚经济联盟将促进地区稳定，进一步深化双边互利合作。双方强调，亚洲、欧亚空间和欧洲的一体化进程相互补充十分重要。"

与此同时，联合声明还强调："俄方认为，中方提出的建设丝绸之路经济带倡议非常重要。俄方高度评价中方愿在制定和实施过程中考虑俄方利益。双方将寻找丝绸之路经济带项目和将建立的欧亚经济联盟之间可行的契合点。为此，双方将继续深化两国主管部门的合作，包括在地区发展交通和基础设施方面实施共同项目。"这是双方在务实合作领域达成的重要共识。在普京这次访华过程中，中国国家主席习近平和俄罗斯总统普京共同见证了中俄两国政府《中俄东线天然气合作项目备忘录》、中国石油天然气集团公司和俄罗斯天然气工业股份公司《中俄东线供气购销合同》的签署。根据双方商定，从 2018 年起，俄罗斯开始通过中俄天然气管道东线向中国供气，输气量逐年增长，最终达到每年 380 亿立方米，累计 30 年。这两个文件被媒体称为中俄 4000 亿美元的能源合作大单。这是中俄关系发展中不仅在政治上，而且在经济上取得重大成就的标志性事件。它说明，双方对务实合作前景的信心和对合作伙伴经济发展潜力的信心。

2015 年 1 月 1 日，俄罗斯主导的由俄罗斯、白俄罗斯和哈萨克斯坦组成的欧亚经济联盟正式启动。同年，亚美尼亚和吉尔吉斯斯坦加入欧亚经济联盟。欧亚联盟领土面积 2000 万平方公里，人口 1.7 亿，天然气储量占世界的 20%，石油储量占 15%。根据欧亚经济联盟机构欧亚经济委员会统计，2013 年关税联盟成员国间贸易总额达 641 亿美元，与第三方贸易总额达 9301 亿美元。除承诺保证商品、服务、资本和劳动力的自由流动，欧亚经济联盟成员国还将在一些关键的经济部门如能源、工业、农业和运输等领域协调彼此的政策，在 2016 年还将建立药品和医疗设备共同市场。

专家估计，欧亚经济联盟启动后，在未来，由于运输成本的节约，商品价格将降低；由于经济发展水平的拉平，将刺激在欧亚经济联盟共同市场上的"健康"竞争；由于减少成本和提高生产率，平均工资将增加；由于商品需求量增加，生产将扩大；由于市场容量扩大，新技术和商品的投资回收率将提高；欧亚经济联盟成员国 GDP 总量至少增加

25%；等等。

欧亚经济联盟成立后，虽然遭遇全球经济危机的冲击，它自身发展遇到一定的困难，但是它对地区经济发展和区域经济一体化的影响是不言而喻的。欧亚经济联盟内实现统一的关税，经济政策将逐渐得到协调，这对"丝绸之路经济带"倡议的实施提出了新的问题。

中国与欧亚经济联盟各国均保持良好的国家关系和健康的务实合作态度，可以说，欧亚经济联盟国家对中国倡导的"丝绸之路经济带"建设均持积极态度。因此，如何将"丝绸之路经济带"与欧亚经济联盟建设协调起来，不仅是中国与欧亚经济联盟国家面临的课题，也是欧亚经济联盟国家的愿望。

2015年5月，中国国家主席习近平访问莫斯科，参加卫国战争胜利70周年盛大纪念活动。5月8日，中俄两国在莫斯科发表《中华人民共和国与俄罗斯联邦关于丝绸之路经济带建设和欧亚经济联盟建设对接合作的联合声明》（简称《联合声明》）。《联合声明》指出："俄方支持丝绸之路经济带建设，愿与中方密切合作，推动落实该倡议。中方支持俄方积极推进欧亚经济联盟框架内一体化进程，并将启动与欧亚经济联盟经贸合作方面的协议谈判。"

中俄双方将商定，努力将"丝绸之路经济带"建设和欧亚经济联盟建设对接，确保地区经济持续稳定增长，加强区域经济一体化，维护地区和平与发展。双方将秉持透明、相互尊重、平等、各种一体化机制相互补充、向亚洲和欧洲各有关方开放等原则，通过双边和多边机制，特别是上海合作组织平台开展合作。

这个文件提出了若干重要的合作原则：其一是中俄之间针对"丝绸

之路经济带"和欧亚经济联盟的合作意愿；其二是俄罗斯代表欧亚经济联盟与中国就"一带一盟"对接合作达成的共识；其三是双方认为可以通过实施开放原则，通过双边和多边机制，特别是上海合作组织平台开展合作。

签署这个文件最重要的意义是，中俄双方的政治互信水平又得到了提高，俄方和欧亚经济联盟国家不再把落实"丝绸之路经济带"倡议的过程视为又一场地缘政治博弈，而是一个实现基础设施互通、经济互补、共同发展的过程。这正是"丝绸之路经济带"的核心思想。

《联合声明》还就实现上述目标提出了一系列具体建议或措施，如扩大投资贸易合作，优化贸易结构，为经济增长和扩大就业培育新的增长点；促进相互投资便利化和产能合作，实施大型投资合作项目，共同打造产业园区和跨境经济合作区；在物流、交通基础设施、多式联运等领域加强互联互通，实施基础设施共同开发项目，以扩大并优化区域生产网络。尤其值得指出的是，《联合声明》还提出了"研究推动建立中国与欧亚经济联盟自贸区这一长期目标"。

这个表述相对多年来俄罗斯的立场又前进了一大步。多年来，俄罗斯专家和学者是避讳谈中俄之间，甚至中国与上海合作组织之间建立自贸区的话题的，哪怕是作为长期目标。因此，《联合声明》包含一系列崭新的思想，值得关注，值得称道。

◇◇二　从双边合作走向多边尝试

中国与欧亚经济联盟国家均建立了良好的国家关系并开展积极的务

实合作，尤其是与俄罗斯、哈萨克斯坦和白俄罗斯。

中国与欧亚经济联盟国家务实合作具有如下特点：经济结构互补性强，市场互补性明显，产能合作具有良好前景。而欧亚经济联盟国家间一体化和务实合作的特点是：经济联系紧密，经济政策协调度高，人民之间交流中的文化和语言障碍小，但是基础设施薄弱，经济结构互补性差。这个对比表明，欧亚经济联盟与中国在务实合作领域的互补性是客观的，表明双方的合作潜力是巨大的。

在实践中，中国与欧亚经济联盟国家间的双边合作一直呈上升趋势。中俄贸易额在 2014 年达到近千亿美元，虽然 2015 年由于国际经济形势的影响双方贸易额有所下降，但是贸易规模并没有大幅度减少。不仅如此，中俄在高铁、大飞机、核能等领域的合作不断取得进展。传统能源领域的合作规模和预期前景充分说明中俄在"一带一路"和"一带一盟"框架内合作是大有潜力的。近年世界经济形势对俄罗斯经济的影响和俄罗斯经济所遭遇的冲击再次证明了俄罗斯进行结构改革、摆脱对能源出口依赖的重要性。而这个过程理论上将为中俄开展产能合作创造重要机会。

欧亚经济联盟成员国哈萨克斯坦对"丝绸之路经济带"倡议的反应非常积极。这不仅因为"丝绸之路经济带"倡议是在哈萨克斯坦提出的，哈萨克斯坦领导人还从"丝绸之路经济带"倡议中看到了两国发展战略利益的高度契合。

2014 年，哈萨克斯坦总统纳扎尔巴耶夫提出的"光明大道"战略与"丝绸之路经济带"构想所涵盖的内容有许多吻合之处，充分说明了两国发展战略利益的一致性。吻合之处在于：第一，都是以发展基础设施来带动经济增长；第二，都是以促进与周边国家和地区合作来改善经济环境；第三，都是以提高人民的生活水平为主要目标；第四，都主张通过互利合作实现共同发展和繁荣。中哈两国不仅在双边合作领域取得显著成绩，在多边合作领域也有广阔前景。目前中亚天然气管道、西欧—中国西部交通走廊以及跨境铁路、公路等项目的建设对两国经济发展都具有积极意义。

中哈两国元首和总理近两年频繁互访，对于两国发展战略对接进行谋划。习近平主席 2015 年 3 月访问哈萨克斯坦。哈萨克斯坦总统纳扎尔巴耶夫分别于 2014 年 5 月和 2015 年 8 月访华。2015 年哈萨克斯坦总理两次访华，与中方规划双边务实合作以及"丝绸之路经济带"与"光明大道"计划的对接。李克强总理 2014 年访问哈萨克斯坦时，两国政府就达成了一系列合作共识。

中哈两国经济结构互补性极强。2014 年李克强总理访哈期间与哈方确定了 52 个早期收获项目，涉及轻轨、汽车组装、聚丙烯项目、钢铁、冶金、水泥等行业；位于中哈边界的霍尔果斯国际边境合作中心运行顺利，物流规模不断扩大；而中哈连云港物流合作基地 2015 年已经开通。据媒体报道，近年来，连云港承担了全国 50% 以上、中亚国家 60% 以上的大陆桥过境运输业务，一直是哈萨克斯坦等中亚国家进出太平洋最便捷的航运枢纽。在"丝绸之路经济带"与"光明大道"新经济政策对接的过程中，哈萨克斯坦极有可能成为欧亚经济联盟经济发展的火车头。

中国与欧亚经济联盟成员国白俄罗斯的务实合作也进行得有声有色。2012 年 8 月，两国政府签署协议，在白俄罗斯建立中白工业园。根据项目设计，园区发展将集中于电子、生物医药、精细化工、工程和新材料领域，目标市场为独联体国家和欧盟。根据 2012 年 6 月 5 日白俄罗斯总统令，中白工业园项目在白俄罗斯有最大的税收优惠，如根据与合资管理公司签订劳动合同以工资形式收到的个人收入以及园区入驻者收入的个人所得税率为 9%。为园区入驻者减免土地税、不动产税和所得税三种最重要的税费。另外，园区入驻者从国外进口设备免关税，同时在材料进口、关税及增值税支付方面享受优惠政策。投资者可租用园区土地长达 99 年或购买作为私人财产。将向公众提供园区总体规划及有关园区入驻者的利益和保障信息。中白工业园是两国目前合作规模最大、层次最高的项目，是两国创新合作模式、提升合作水平、促进产业整合、着眼未来发展的一项举措。2015 年 5 月，中国国家主席习近平访问白俄罗斯期间视察了工业园。

中国与欧亚经济联盟的吉尔吉斯斯坦和亚美尼亚也建立了良好的国家关系，务实合作具有很好前景。

"丝绸之路经济带"与欧亚经济联盟接轨的文件通过后，最迫切的问题是多边合作。如何在双边合作的基础上促进多边合作是非常现实的问题，尤其是基础设施建设往往涉及多国的项目。比如目前建设中的"双西工程"，即中国西部—欧洲西部公路项目，沿线涉及多个国家。双西工程东起中国连云港，经我国河南、甘肃、新疆，出霍尔果斯口岸进入哈萨克斯坦，西至俄罗斯圣彼得堡，由此地跨入欧洲。全线长 8445 公里。又如中吉乌铁路项目，涉及中国、吉尔吉斯斯坦和乌兹别克斯坦，是中亚重要的铁路枢纽。如果一个环节出问题，则整个工程进展将受到影响。

可以预期，"丝绸之路经济带"与欧亚经济联盟对接的共识对于筹划互利共赢的多边合作项目将发挥积极的促进作用。

◇◇三 一带一盟一组织——共同繁荣的保障

所谓"一带一盟一组织"是指"丝绸之路经济带"、欧亚经济联盟和上海合作组织。

这三个概念反映的是不同的合作形式。"丝绸之路经济带"是合作倡议，反映了中国全新的合作理念，即互利共赢、共同发展的理念；欧亚经济联盟是俄罗斯主导的一体化进程，追求的是紧密的经济和政治关系，目标是建立实实在在的地缘政治结构或联盟；而上海合作组织是地区合作组织，有自己的机构，如上海合作组织秘书处和上海合作组织地区反恐机构等。但是上海合作组织框架内的合作主要限于政治即安全合作，经济即务实合作，更多的是双边合作，以及人文合作。综上所述，这三个概念有不同的内涵、不同的合作形式和不同的目标。因此，理顺三者之间的关系，确定各自的利益结构是实现"一带一盟"对接合作的前提。

2015年5月8日中俄在莫斯科签署的《联合声明》提出了几个原则：①中俄双边合作是开放的，因此才有"一带"与"一盟"的对接合作；②确定合作的原则是透明、相互尊重、平等，各种一体化机制相互补充；③通过双边和多边合作机制开展合作，上海合作组织是重要的平台之一。目前中俄合作的机制很多，如联合国、G20、金砖国家、亚太经合组织、中俄印外长会晤等，强调上海合作组织的平台作用意味着，在"一带一盟"的对接合作过程中，中俄双边和中亚地区具有特殊作用。目前的上海合作组织成员国包含俄罗斯和原苏联中亚五国中的四国，即哈萨克斯坦、吉尔吉斯斯坦、塔吉克斯坦、乌兹别克斯坦，观察员国（蒙古、巴基斯坦、伊朗、印度、阿富汗、白俄罗斯）涉及南亚、独联体地区，而对话伙伴国则范围更广。"丝绸之路经济带"倡议的实施离不开上海合作组织成员国和观察员国的共同参与。多年来，多边务实合作一直是上海合作组织倡导和努力的方向，上合组织也在多边合作领域进行了有益的探索，如拟议中的中吉乌铁路、上海合作组织开发银行、上海合作组织能源俱乐部等。中国与上海合作组织成员国，尤其中亚国家的经济互补性是显而易见的，以能源合作为例，各国作为能源生产国和消费国的互补性是各国能源战略安全的重要保证。

当代世界存在两个具有特色的能源经济体：第一个是西方国家集团，其国际组织是国际能源署。这个能源经济体拥有 9.64 亿人口，占世界人口总数的 15%；在世界总产值中占有很高的比例；能源储量为 1885 亿吨标准煤，占世界能源总储量的 25%，其中石油和天然气储量为 212 亿吨，占世界总储量的 6.5%；能源消费为 46 亿吨标准煤，占世界能源总消费量的 41%。第二个能源经济体是以阿拉伯国家为主的石油输出国集团，其国际组织为 OPEC。这个能源经济体拥有 2.96 亿人口，占世界人口总数的 5%；国内生产总值约为 1.4 万亿美元，占世界总产值的 3%；能源储量为 1380 亿吨标准煤，占世界总储量的 11%，其中石油和天然气储量为 1374 亿吨标准煤，占世界总储量的 42%；能源消费为 5 亿吨标准煤，占世界总消费量的 4.5%。

上海合作组织所包含的中亚地区和俄罗斯，客观上也存在一个能源经济体。这个能源经济体拥有 14.55 亿人口，占世界人口总数的 23%；能源储量为 3434 亿吨标准煤，占世界总储量的 42%，其中石油和天然气储量为 1129 亿吨标准煤，占世界总储量的 35%；能源消费为 32 亿吨标准煤，占世界消费量的 29%。这个理论上的能源经济体与前两个能源经济体最大的不同之处在于：能源生产国和消费国具有天然互补性。如果印度成为上海合作组织成员国后也进入这个能源经济体，则这个经济体的意义将非同小可。目前中国与中亚国家在能源合作领域已经取得巨大成就，石油和天然气管道建设已经给合作伙伴带来巨大利益。但是，这个理论上的经济体要真正发挥经济结构和能源结构的互补性，还要做许多工作。而"丝绸之路经济带"和欧亚经济联盟对接合作的联合声明所阐述的理念和原则将促进这个目标的实现。

实际上，所有主要的基础设施建设都需要协调各国的政策和利益，都需要建立政治互信、市场信心，都需要一系列配套的机制，如金融合作机制等。"一带一盟"的合作更是如此。

中国和欧亚经济联盟国家的务实合作具有很大潜力。不仅能源合作，而且产能合作，农业、基础设施、科技、人文等领域的合作都具有互补的特点和潜力。上海合作组织等机制的运作效率将在某种程度上决定"一带一盟"合作的质量和规模。

中巴经济走廊与引导世界新秩序

清华大学国际传播研究中心主任、二级教授、博士生导师

蓝迪国际智库专家委员会委员

李希光

◇◇一 中巴经济走廊目前进展

2016 年 11 月，来自新疆的 50 辆集装箱卡车历经 15 天，翻越喀喇昆仑大雪山，穿过俾路支荒漠，长途跋涉 3000 公里，抵达了瓜达尔港。这一天是"一带一路"建设上的一个历史时刻。当天，在瓜达尔港码头，中远海运集装箱运输有限公司的惠灵顿轮吊装完 144 个集装箱后，驶离瓜达尔港。这是中巴经济走廊提出 3 年多来，双方首次真正实现货运车队贯穿走廊。专程来瓜达尔迎接来自中国大篷车商队的巴基斯坦总理谢里夫说，此次商队试连通活动的成功举办，标志着中巴经济走廊正从概念成为现实。

截至 2016 年底，中巴经济走廊 51 个合作项目中，投资 160 亿美元的

17 个项目已经完成或接近完工，另有 11 个能源项目，其余的是交通和基础设施项目。中巴经济走廊两国政府协议合作的大项目 51 个，具体的分布地区是：俾路支省 16 项、信德省 13 项、旁遮普省 12 项、开普尔普什图省 8 项、吉尔吉特—巴尔蒂斯坦省 2 项。截至目前，中国企业对沿线国家投资达到 500 多亿美元。据中方统计，2016 年前三季度，中巴累计贸易额超过 140 亿美元，中国企业在巴新签工程承包合同金额达 71 亿美元。

能源项目。中巴经济走廊的能源项目是满足巴基斯坦工业和民生对不间断供电的急迫需求。根据 2013 年两国最初讨论中巴经济走廊合作协议时巴基斯坦的要求，巴基斯坦首先提出满足巴基斯坦至少 10000 兆瓦的供电缺口，恢复这个国家因缺乏电力而正在瘫痪的正常生活。中巴经济走廊早期收获的 17 个项目中，8 个项目是电力项目，将发电 17045 兆瓦，不仅充分缓解巴基斯坦国内严重短缺的电力需求，还将能够向周边国家和地区输出电力。旁遮普省的萨希瓦尔燃煤发电项目将成为中巴经济走廊第一个竣工项目，其发电 1320 兆瓦并入国家电网。位于卡拉奇附近的卡希姆港燃煤发电厂投资 20 亿美元，工程进度已经完成 70%，装机容量为 1320 兆瓦。

位于印度河流域的杰拉姆河卡洛特村的卡洛特水电站由中国三峡集团南亚投资公司建设，造价 20 亿美元，装机容量 720 兆瓦，是"一带一路"上中国投资的第一个水电项目，由丝路基金、中国进出口银行和国家开发银行提供贷款。建成后，中国三峡集团在运营水电站 30 年后，交给旁遮普政府。卡洛特电站已经完成了 60% 的工程。

中国和巴基斯坦核电合作目前已经承建 6 台，总装机容量达 340 万千瓦。中国 2004 年同意为巴基斯坦建造卡西玛电站 1 号和 2 号反应堆，是我国自行设计、建造的第一座出口商用核电站，当时是我国最大的高科技成套出口项目。该电站坐落在巴基斯坦旁遮普的西北部，印度河东岸，距巴基斯坦首都伊斯兰堡 280 公里。2010 年中国出口两座新反应堆，即卡西玛 3 号和 4 号。根据两国政府协议，巴基斯坦正在实施到 2030 年将核电量增至 8800 兆瓦、解决严重缺电问题的计划。2013 年，卡拉奇核电建设项目启动，发电能力为 1100 兆瓦，由中国核工业公司承建。这一项目有望为巴基斯坦提供 15% 的电力。中巴经济走廊的核电项目发展空间较大。

喀喇昆仑公路。始建于 1966 年，完工于 1978 年的喀喇昆仑公路北起中国新疆喀什，穿越公格尔雪山、慕士塔格雪山、喀喇昆仑雪山、兴都库什雪山，经过中巴边境口岸红其拉甫山口，南到巴基斯坦北部城市雷克特，公路全长 1032 公里。喀喇昆仑公路进入喀喇昆仑山后，沿红其拉甫河、洪扎河、吉尔吉特河和印度河蜿蜒而下。喀喇昆仑公路把从雷科特到红其拉甫口岸的时间从以前的 14 小时缩短到 5 小时。2015 年中国完成了喀喇昆仑公路改扩建一期项目，恢复了 2008 年巴基斯坦西北部大地震中遭到严重损毁的喀喇昆仑公路。中国筑路企业完成了堰塞湖路段改线，恢复了喀喇昆仑公路并实现全线贯通。2016 年中国与巴基斯坦开始了喀喇昆仑公路改扩建二期项目。二期项目从塔科特到伊斯兰堡，总长 487 公里。中巴双方本着先易后难的原则经协商确定将该项目分为三个阶段实施，第一阶段为 120 公里的塔科特至赫韦利扬段，由中国路桥公司建设。第二阶段为赫韦利扬至伊斯兰堡段。中国进出口银行提供 90% 的资金，巴基斯坦政府承担 10% 的资金。赫韦利扬至塔科特段项目位于中巴经济走廊陆路通道的核心路段，是贯通巴基斯坦南北公路网的重要组成部分，造价13.15亿美元。目前工程已经完成60%。

白沙瓦至卡拉奇高速公路（苏库尔至木尔坦段）项目是巴在建最大道路交通基础设施项目。截至2016年12月25日，所有中方人员已入住新营地，进场设备2849台套，为当地提供了6000多个就业岗位。后者承建的喀喇昆仑公路升级改造二期（塔科特至赫韦利扬段）工程自2016年9月开工以来，已累计投入中方人员818人，巴方人员近2000人，机械设备及车辆1500台（套）。与此同时，中国国家建设工程公司还承建了392公里的卡拉奇—拉合尔公路（苏库尔—木尔坦段）。

铁路建设。中国还在帮助巴基斯坦复兴其铁路网。开展了哈维扬铁路陆港可行性研究，联合研究339公里长的木尔坦—拉合尔铁路路段、749公里长的海德拉巴德—木尔坦段、182公里长的可马里—海德拉巴德段的升级改造，合作框架协议正在讨论中。533公里的德拉汗—奎达高速路正在建设中。

瓜达尔港。坐落在阿拉伯海北岸、远望波斯湾的瓜达尔港是21世纪海上丝绸之路最重要的港口，也是丝绸之路经济带的出海口。瓜达尔港不仅为中国和巴基斯坦经济发展服务，也将为中亚五国、阿富汗和俄罗斯等国服务。

瓜达尔自由区面积9.23平方公里，根据特许经营权协议，瓜达尔自由区入驻企业享有23年免税期，99年租赁权，40年内对用于自贸区建设所需材料或设备进口免进口关税和销售税。自由区紧邻瓜达尔港市，以港口为依托，重点发展商贸物流、加工贸易、仓储和金融等产业。在瓜达尔会议上，很多人，尤其是商人，探讨到以迪拜的模式包容、开放地发展瓜达尔港。这就是为什么瓜达尔港将成为一个国际交通枢纽,不仅连接中国和巴基斯坦,而且连接中亚、伊朗和历来就需要温水港口的俄罗斯。巴基斯坦人憧憬瓜达尔港建设成为一个超过迪拜的商贸和旅游重镇。巴基斯坦海军在瓜达尔港成立了一支海上特遣部队。这支部队名为"特遣部队88",包括舰船、快速攻击机、直升机、无人机以及海洋监视设备。中国驻巴基斯坦大使孙卫东和全国人大外事委员会副主任赵白鸽应邀参加了特遣部队88的成立仪式。巴基斯坦参谋长联席会议主席佐拜尔在成立仪式上说,巴基斯坦海军成立的海上特别部队将保卫瓜达尔港及自由区的发展建设安全,促进中巴经济走廊顺利展开。

中国在瓜达尔东部海湾建设19公里的快速路,这条快速路连接瓜达尔港与马克兰沿海高速公路,工程已经完成了60%。根据两国政府协议,中国建设的瓜达尔新国际机场建设已经完成40%。中国海外港口控股公司开发的瓜达尔自由贸易区的建设完成了一半。瓜达尔港智慧城市的总体规划已经进入可行性阶段,完成了15%。包括防浪堤和疏浚等多种功能的港口扩建工程可行性阶段已经完成了15%。由中国交建集团援建的瓜达尔小学已经开学上课。瓜达尔巴中友谊医院的可行性报告正在进行中。瓜达尔巴中友谊技术和职业学院的可行性报告也在调研写作中。

天然气管道。中石油管道局正在建设700公里瓜达尔—纳瓦布沙阿液化天然气管道。这条管道有望与伊朗的天然气管道连通,把伊朗的天然气输入巴基斯坦,未来也可能通过中巴经济走廊输送到中国。

光缆线路。华为正在铺设从拉瓦尔品到红其拉甫的光缆线路,50%的工程已经完成。

海尔鲁巴经济区。海尔电器公司正在建设海尔鲁巴经济区二期工程。

中国工程机械行业在巴基斯坦。中巴经济走廊的基础设施建设为中国工程机械行业带来新机遇。徐工集团 2016 年在巴基斯坦市场设备销售近 400 台，金额约 3 亿元，实现了较大规模销售增长。

金融合作。经中国银监会批准，巴基斯坦最大银行哈比银行在乌鲁木齐开设分行，重点对中巴经济走廊建设提供全方位金融支持，这是巴基斯坦在中国设立的第一家分行，位于乌鲁木齐高新区科研总部基地，营运资金为 2.29 亿元人民币等值的自由兑换货币。巴基斯坦在中国建立分行就是在中巴经济走廊框架下，为中资企业进入巴基斯坦提供更多融资便利与支持。

教育交流。目前巴基斯坦已在全国 28 所高校开设了中文课程，巴国内 197 个机构正在专门为中巴经济走廊培养 5 万名学生，作为将来的技术工作者。

中巴经济走廊经济特区。为吸引中国投资者，巴基斯坦政府设计了一个综合规划，在中巴经济走廊经过的四个省和特别地区建立 37 个特别经济区：4 个特别经济区建在旁遮普省、9 个建在俾路支省、4 个建在信德省、开普尔普什图省提出建立 17 个经济特区、吉尔吉特—巴尔蒂斯坦将建 1 个经济特区、自由克什米尔地区将建 2 个经济特区。巴基斯坦政府将向设在工业园的工厂提供燃气、水、电和其他公用设施。

◇◇二 中巴经济走廊与巴基斯坦的国家复兴

中巴经济走廊正在给巴基斯坦以新的国家形象吸引国际上的关注。

中巴经济走廊给巴基斯坦的经济注入了新的活力，国际上越来越多聪明的人，不再以媒体化的恐怖主义国家形象去关注巴基斯坦，而是以一个正在崛起新兴区域性大国关注巴基斯坦。

巴基斯坦是第一个承认新中国的伊斯兰国家。从20世纪60年代阿尤布汗总统访问中国，周恩来总理回访巴基斯坦，中国援建塔克西拉坦克工厂，改变了中央条约组织和东南亚条约组织框架下，巴基斯坦亲美的格局，巴基斯坦成了中国打开美国对中国开放的大门和沟通伊斯兰国家的最重要国家。

近年来，巴基斯坦不仅在经济上是增长速度最快的伊斯兰国家，还是伊斯兰世界中最强大的国家，军事上拥有核武器和世界上最强大的陆军之一。巴基斯坦拥有最有作战经验的反恐部队。中国同强大的伊斯兰国家巴基斯坦建设"一带一路"上的旗舰项目，在整个伊斯兰世界产生了积极的影响和良好的印象，中国巴基斯坦兄弟关系为中国与其他伊斯兰国家发展友好关系树立了榜样。作为世界上最强大的伊斯兰国家，巴基斯坦可借用其与大多数伊斯兰国家和地区在宗教、文化、民族和血缘上的联系，促进和维护中国与中东、中亚、西亚、南亚和东非伊斯兰国家和地区的民心沟通和投资安全，这符合中国的战略利益。巴基斯坦在中东教派战争和冲突中保持中立，与逊尼派的沙特、土耳其和什叶派的伊朗都维持着良好的关系，被各方认为是可信赖的伙伴。当年新疆"7·5"事件后，巴基斯坦领导人向土耳其等国家领导人通报新疆分离恐怖主义的真相，消除了某些伊斯兰国家对中国的误解。中巴经济走廊区域带来的经济繁荣和发展将带来沿途经过地区的"去极端主义化"。

作为有2亿人口的世界第六人口大国，2016年巴基斯坦的经济增长速度接近 5%，这是过去八年里最高的，也是伊斯兰国家中经济增长最高的国家。卡拉奇股市 2016 年增长了 46%，行情持续走高。

2017 年 2 月的《华尔街日报》报道，2016 年，巴基斯坦 38% 的人口是中产阶级，4% 的人口是上流社会，中上层人口总和是 8400 万，超过德国或土耳其的人口。巴基斯坦日益庞大的中产阶级购买摩托车、彩色电视机、冰箱、洗衣机。拥有摩托车的家庭从 1991 年的 4%，增长到 2014 年的 34%；拥有洗衣机的家庭从占比 13%，增长到 47%。中产阶级家庭的孩子至少有一人读书到 16 岁。雀巢过去 5 年在巴基斯坦的销售翻了一番，达到 10 亿美元。2017 年初，荷兰奶制品公司 Royal Friesland Campina NV 花了 4.61 亿美元购买了总部位于卡拉奇的生产高温杀菌的封装奶制品的 Engro Foods 食品公司。在日常生活中，巴基斯坦的牛奶装放在没有盖子的容器里在市场上销售。巴基斯坦全国 90% 的消费来自中产阶级。

今天，巴基斯坦每年的摩托车购买量从 2000 年的 95000 辆，增长到了现在一年的 200 万辆。本田是巴基斯坦最主要的摩托车供应商。本田最便宜的摩托车的购买者其月收入通常在 200—300 美元之间。专家分析，发展中国家购买耐用品如摩托车，其生活方式将带来就业、教育和休闲娱乐产业的发展。

在政治上，长期以来，巴基斯坦的政坛是三大豪强家族政党轮流执政：巴基斯坦人民党（布托家族）、穆斯林联盟（谢里夫派）、穆斯林联盟（领袖派）。2013 年的大选是巴基斯坦历史上第一次政权实现从一个民选政府向另一个民选政府交接。目前，巴基斯坦两大政党，一个是穆斯林联盟（谢里夫派），另一个是易慕兰·汗领导的巴基斯坦正义运动党。

普遍认为，巴基斯坦正义运动党代表中产阶级。由于谢里夫的执政党更多地代表着工商阶层，他更关注私营企业的发展。易慕兰·汗的正义运动党从原来的一个边缘政党发展成了一个以大学生为主，要求政府增加公共服务的最有影响的反对党。

◇◇三　哪些国家会成为中巴经济走廊的用户

中巴经济走廊需要国际融资和国际资本的引入。其前提是中巴经济走廊的国际化，不是本位主义地把中巴经济走廊视为中国的通道，而是把中巴经济走廊设计为一条国际大通道、全球化大通道。"一带一路"是中国的全球化战略，因此要利用全球的资源服务于"一带一路"项目。

从长远看，中巴经济走廊将不仅连接中国和巴基斯坦，还将连接伊朗、阿富汗、中亚五国、俄罗斯、印度、东非国家、南欧等国家和地区。

瓜达尔不仅是新疆的出海口，也将是阿富汗、乌兹别克斯坦、土库曼斯坦、哈萨克斯坦、塔吉克斯坦、吉尔吉斯斯坦和俄罗斯的出海口，也是这些国家通向世界的门户。

以瓜达尔为中心，形成一个近距离辐射喀什、喀布尔、赫拉特、伊斯法罕、萨马尔汗和布哈拉等丝绸之路古城，远可辐射乌鲁木齐、塔什干、德黑兰、阿什哈巴德、巴格达、大马士革到伊斯坦布尔的大丝绸之路网络。巴基斯坦三军情报局长查希尔·伊斯兰 2016 年底在退役后第一次见记者时说，中巴经济走廊的进展突出了巴基斯坦的地缘战略的重要价值。一方是拥有十几亿人的中国巨大市场，另一方是俄罗斯强大的经济实力，再一方是待开发的阿富汗。

俄罗斯、中亚与中巴经济走廊。俄罗斯和中亚五国不需要中巴经济走廊与中国开展经贸往来，但是俄罗斯梦寐以求的是一个通向中东、南亚和非洲的不冻港。中亚内陆五国更需要瓜达尔港，以进入南亚、东南亚和非洲的市场。

在苏联解体之前，苏联跟中国新疆直接接壤，跟巴基斯坦之间隔着20公里宽的瓦罕走廊。今天，俄罗斯可以通过其阿尔泰省与新疆之间的狭窄边境走廊，从西伯利亚进入新疆，使俄罗斯直接通过中巴经济走廊与南亚国家和东南亚国家发生贸易往来。2000年，俄罗斯、印度和伊朗就启动了"北南国际运输走廊项目"。走廊从北欧南下印度洋，这条国际大通道穿过俄罗斯和伊朗。北南走廊还包括几个支线，东线通向阿塞拜疆；西线通向哈萨克斯坦、乌兹别克斯坦、土库曼斯坦；跨里海支线。北南走廊的干线是俄罗斯境内的一条连接里海的阿斯特拉罕港、莫斯科、圣彼得堡，一直到俄罗斯—芬兰边境的布斯洛夫斯凯车站的铁路，这条铁路连通整个欧洲。这条国际北南走廊是在印度、俄罗斯、伊朗、欧洲和中亚之间的船、铁路、公路的货物联运，路线经过的主要国家是印度、俄罗斯、伊朗、阿塞拜疆，沿线经过的城市包括孟买、莫斯科、德黑兰、巴库、班达阿巴斯、阿斯特拉罕、班达阿扎里等。2014年北南走廊曾进行了两次空载的试运行，结果显示，每15吨货物的运输成本下降了2500美元。俄罗斯还计划建立一条经过阿富汗和巴基斯坦的通向印度的石油管道。中巴经济走廊的完工，将打通俄罗斯和中亚内陆国家通向印度洋和印度的陆路通道。早在2011年，巴基斯坦总统扎尔达里访问莫斯科时，主动提出让俄罗斯通过俾路支的瓜达尔港进入阿拉伯不冻海域。上海合作组织更是把俄罗斯和巴基斯坦拉到一块了。俄罗斯公司将建设卡拉奇到拉合尔的天然气管道，把巴基斯坦、印度与里海的能源管道连接起来。

伊朗与中巴经济走廊。中巴经济走廊将打通中国伊朗走廊。2017年1月28日，载着82个装有床上用品、五金工具、饰品等小商品的"义乌一德黑兰"班列从浙江义乌出发，在新疆阿拉山口出境，途经哈萨克斯坦、土库曼斯坦，开向德黑兰，经过4个国家，两次换轨，全程1万多公里，14天后抵达伊朗东北部和土库曼斯坦接壤的萨拉赫斯边境货运口岸，接着又在伊朗境内行驶数天后抵达终点站德黑兰。按照双方协定，今后，每个月中国都将有一趟货运班列经过"铁路丝绸之路"抵达伊朗。中国的义乌是"世界小商品集散中心"，而伊朗是义乌第五大出口对象国。2015年，往来义乌的伊朗客商达2万多人次，经义乌海关监管出口1.8万标箱的货物。这条铁路相比海运，使货运行程缩短至少30天。但是，这条铁路的缺点是沿线经过的地区多是人烟稀少的地区，纯粹是为了中国伊朗货运开通的线路。值得注意的是，在西方结束对伊朗的制裁后，伊朗总统鲁哈尼对巴基斯坦总统侯赛因表示了参加中巴经济走廊的愿望。

有关伊朗、印度和阿富汗正在联合开发的查赫巴尔港的问题，笔者赞同伊朗的查赫巴尔港和巴基斯坦的瓜达尔港结为"姊妹港"，而不是发展成为竞争对手关系的交通枢纽。这两个港口彼此相距大约只有100公里。在2016年12月举行的首届瓜达尔港国际论坛上，笔者跟与会的巴基斯坦和伊朗代表探讨了查赫巴尔港和瓜达尔港之间的关系。巴基斯坦议会中巴经济走廊委员会主席穆沙希德·侯赛因参议院提出了"姊妹港"

的构想。笔者相信，巴基斯坦、伊朗和中国都会支持"姊妹港"的概念。在瓜达尔港会议期间，伊朗代表、前驻土耳其大使阿里礼萨·比克德利透露，关于查赫巴尔港和瓜达尔港间铁路联络线的探讨已经开始了，并且已经就将两个港口结为"姊妹港"达成了协议。

东非与中巴经济走廊。濒临阿拉伯海的瓜达尔港处于世界能源运输线的咽喉要道，位于亚丁湾咽喉要道的吉布提，扼守中国通往欧洲的海上通道。波斯湾或亚丁湾的任何战乱都可能让作为世界第二大经济体的中国透不过气来。由中国出资70%建设、中国运营的亚的斯亚贝巴—吉布提铁路已经通车。位于非洲东北部亚丁湾西岸的国家，东南同索马里接壤，东北隔着红海的曼德海峡和也门相望。其东临红海进入印度洋的要冲曼德海峡。这条铁路是规划中的从埃塞俄比亚到肯尼亚、苏丹、南苏丹长达5000公里的铁路网的一部分。根据这个规划，最终这条铁路将通过跨越非洲的大铁路，把印度洋和大西洋连通。中国在非洲大陆正在修建的具有战略意义的基础设施走廊都可以跟中巴经济走廊的瓜达尔港跨海连接起来。从北到南依次是：埃塞俄比亚—吉布提铁路、埃塞俄比亚—南苏丹—肯尼亚走廊、肯尼亚—乌干达标准轨距铁路、坦桑尼亚—卢旺达—布隆迪中央走廊。此外，还有中国70年代援建的坦桑尼亚—赞比亚铁路，使富产铜矿的内陆国家赞比亚与沿海国家连接起来。非洲大陆与中国、中亚、俄罗斯的贸易往来不再远航绕道印度洋，而是出亚丁湾，直接驶到位于阿拉伯海北岸的瓜达尔港。中国铁路集团与尼日利亚签署了35亿美元修建成绩铁路额的合同，中国一家国有集团与尼日利亚还签署了一个120亿美元的合同，修建1400公里的尼日利亚沿海铁路。中国跟安哥拉签署了基础设施换石油的协议，中国还将在民主刚果、肯尼亚和坦桑尼亚修建轨道交通。

欧洲与中巴经济走廊。中国购买希腊的比雷埃夫斯港以及修建连接中东欧到地中海的巴尔干丝绸之路高速铁路，表明中国虽然在积极开通建设或规划多条连接欧洲、西亚的铁路，但是并不认为欧亚路桥可以取代海上丝绸之路。未来，中国仍然期望与欧洲的大量贸易往来通过中巴经济走廊。

阿富汗与中巴经济走廊。阿富汗是"一带一路"上最重要的国家，不是之一；是中国通向今天的巴基斯坦、南亚、西亚和欧洲的真正走廊。几千年来，从亚历山大、张骞、法显、玄奘到成吉思汗，无一不是通过阿富汗完成自己的远征。虽然发自中国的第一列通向阿富汗的货运火车2016年9月9日从太平洋岸边的南通出发，从中国与哈萨克斯坦的阿拉山口边境口岸出境，穿过哈萨克斯坦，然后前往乌兹别克斯坦的铁尔梅兹市。火车在穿越标志着乌兹别克斯坦和阿富汗之间的边界阿姆河的友谊桥后，进入阿富汗，抵达阿富汗北部的边境小城海拉顿，但是，作为内陆国家的阿富汗，它的经济发展与腾飞，不是舍近求远，到太平洋去找个出海口。对于阿富汗，最便利的出海口应该是瓜达尔港，阿富汗应该参与中巴经济走廊和瓜达尔港的开发建设和合作。阿富汗支持和参与中巴经济走廊建设，也有利于中巴经济走廊的安全运行。

阿富汗的长期内战和代理人战争严重破坏巴基斯坦的稳定，有关阿富汗和巴基斯坦的恐怖主义的新闻舆论增加了人们建设中巴经济走廊的恐惧与政策成本。如果不早日和平解决阿富汗问题，中巴经济走廊对国内外投资者将会失去吸引力。如果中巴经济走廊失去了中国和国际投资者的吸引力，人们就会认为中巴经济走廊项目是一个大浪费。如果中国终止中巴经济走廊建设，将严重破坏"一带一路"的整体布局和国际声誉。但是，由于阿富汗政府与塔利班迄今没有达成政治和解，2016年塔利班攻下了北部重镇昆都士。2017年2月，美军又在昆都士打死了塔利班的领袖人物，导致阿富汗北部地区越来越不安定。令人高兴的是，2017年2月，中国、俄罗斯、巴基斯坦、伊朗、印度、阿富汗六个国家在莫斯科举行阿富汗问题的六方会谈。这是历史上第一次没有西方参加的塔利班问题讨论会。大家期望阿富汗问题六方会谈能排除某些干扰和破坏，加速阿富汗的国内政治和解，从根本上解决中巴走廊上的安全问题。目前的阿富汗局势是，疲软的喀布尔政权无力地控制着阿富汗的中部，对其他地区发生的"伊斯兰国"的恐怖袭击束手无策。塔利班控制着阿富汗的西部、南部和东部一些地区。阿富汗的北部被塔吉克、土库曼和乌兹别克人的武装控制。国际社会要促进阿富汗各个不同政治派别和武装达成一个可行有效的政治和解。北部武装要求阿富汗的世俗化，而南部、西部和东部的普什图部落要求伊斯兰化。

印度与中巴经济走廊。"一带一路"上有三条线路将使印度受益：印中孟缅走廊、中尼铁路和中巴经济走廊。中印和印巴这些有争议的边界都是与东方国家在文化上和历史上没有任何共通之处的英国帝国主义者野蛮划分的，应该恢复法显和唐僧取经时的国与国之间的柔性边界，变天堑为通途，复兴古代这个地区的亚洲文明高地和亚洲文明圈。如果在克什米尔划有一个柔性边界，那么，中巴经济走廊可以打开克什米尔的大门，以斯里那加作为重要节点之一，使克什米尔成为一个更大的区域交通网络的一部分。自古以来，克什米尔是丝绸之路上的重要节点——它是连接中亚、喀什、拉达克和德里的外交通道和香客走廊。中国、巴基斯坦、阿富汗、印度和伊朗应通过"一带一路"和中巴经济走廊成为一个新的区域合作体。在中巴经济走廊的基础上，向西北修建一条从中亚到阿富汗的大道，通过赫拉特，可以到达伊朗。另一条路线东南延伸到斯里那加。这条大道对于在新丝绸之路的框架内把整个亚洲团结起来，具有里程碑式的重大意义。

"一带一路"和中巴经济走廊将使中亚与南亚国家，如中国、印度、巴基斯坦、阿富汗、伊朗、尼泊尔和斯里兰卡等融为天下一家，无内外之分。自古以来，亚洲中心地带，包括印度、阿富汗、克什米尔、中亚和中国西部，实际上没有清晰的人为国界，直到英国殖民主义者入侵并在亚洲高地上设立了割裂亚洲文明的不人道的边界线和障碍。中国、巴基斯坦、阿富汗、印度和伊朗应通过"一带一路"和中巴经济走廊，共同努力，成为更加紧密的区域和集体经济、安全合作体。像古丝绸之路那样，中国新疆、西藏、甘肃等中西部省份的货物，通过中巴经济走廊，一路到达斯利那加、拉达克、德里、孟买。同时，印度的产品通过斯利那加加入中巴经济走廊，进入中国的巨大市场。在西方殖民者到来前，这个地区是宗教朝圣者、使节和商人的自由通道。通过"一带一路"，亚洲国家将创造一个新的世界秩序，在这一新的秩序中，我们亚洲国家和人民将生活在一个，以东亚的儒学和佛教，中亚、南亚和西亚的伊斯兰教，南亚和东南亚的佛教和印度教为特征的"一带一路"大文明圈。

◇◇四 中巴经济走廊对引导新世界秩序的意义

不仅要看到中巴经济走廊对重新定位南亚的地缘政治语境带来的变

化，更要看到中巴经济走廊为作为"一带一路"主导的再全球化带来的新视野和中国引导的全球新秩序。在这个多极的全球化新秩序和新视野中，中巴经济走廊将成为各大文明汇聚点。

中巴经济走廊是"一带一路"倡议的旗舰项目。中国名义上投资的是中巴经济走廊，事实上投资的是整个中亚、南亚、西亚、中东，甚至东非整个地区。中国需要在这个地区跟俄罗斯、伊朗、阿富汗和所有的国家连通。事实上，该地区的国家都在朝这个方向努力。

包括中巴经济走廊在内的六大廊道，经济发展落后，投资潜力巨大，是"一带一路"建设重点投资发展的地区，也是地缘政治错综复杂的地区。建设中巴经济走廊首先要考虑到这个地区的地缘政治和地缘矛盾。我们在研究中巴经济走廊的价值和意义时，发现这个地区的周边国家和地区有一个共同认可的发展目标、政治目标和文化目标。通过中巴经济走廊的建设，可以实现区域性的政治和解和政治稳定，最终实现与中国密切合作的利益共同体、命运共同体和文化共同体的愿景。

早在 1955 年的冷战时期，美国为了在中亚、南亚和东南亚遏制苏联和中国，成立了包括巴基斯坦、伊朗、伊拉克、土耳其和英国在内的中央条约组织，同时成立了包括澳大利亚、法国、新西兰、巴基斯坦、菲律宾、泰国、英国和美国在内的东南亚条约组织。这两个条约，以及后来美国借助伊斯兰的"圣战"在阿富汗打的代理人战争的后果把连接东西方几千年的丝绸之路古道彻底封闭了。在后冷战时期，美国和西方发动或支持的阿富汗战争、伊拉克战争和叙利亚战争，导致古丝绸之路侵略战争、宗教战争、部族战争和代理人战争不断。冷战后，中巴经济走廊周边国家，如阿富汗、中亚五国、伊拉克、叙利亚、俄罗斯，多是西方与东方文明冲突的重点地区，也是西方推销其价值话语体系的失败地区。

与西方的文明冲突话语正好相反，中巴经济走廊沿线及周边国家和地区汇集的多样化的东方文明、宗教和文化将在"一带一路"的大旗下走向空前的文明大团结。

中巴经济走廊对 21 世纪多极化全球新秩序的意义是，它是中国与中亚、南亚、西亚、中东、东欧、东非经济一体化的生命线，将极大促进"一带一路"沿线国家贸易的大发展和经济一体化。中巴经济走廊是"一带一路"的基石，也是即将到来的中国主导的多极化的世界新秩序的基石。"一带一路"新秩序不仅是游戏规则的改变，也是游戏的改变、棋盘的改变。中巴经济走廊是中国在南亚、中亚和印度洋的影响力的历史性延伸。通过减少对中国南海和马六甲海峡的倚靠，中巴经济走廊解除了美国在东亚遏制中国的武功。

中巴经济走廊潜在地把中国、巴基斯坦、阿富汗、印度、俄罗斯、伊朗、中亚国家以及上合组织成员国整合起来。中国、中亚、俄罗斯、伊朗、印度、阿拉伯、非洲多个文明会聚在中巴经济走廊。通过中巴经济走廊的发展和建设，中巴经济走廊将从区域经贸走廊，变成全球文明走廊、不同文明民心沟通走廊。通过中国与沿线国家追求共享价值，不搞普世价值，不搞零和游戏，中国将引导国际社会共同塑造更加公正合理的国际新秩序、引导国际社会共同维护国际安全。中巴经济走廊既是理想主义，也是现实政治和再全球化硬实力建设的需求，更是建设一个公正的世界新秩序的需求。

未来的瓜达尔将建成世界文明对话中心，利用其世界文明十字路口的地理位置，瓜达尔港将建会展中心、文化活动中心，开展一系列安全对话会、文明对话会、战略对话会、能源对话会，把美国和印度等对中巴经济走廊和"一带一路"持敌视或不明态度的国家也吸引进来，变瓜达尔为多极世界的中心。未来的瓜达尔，作为中国与伊斯兰世界沟通和接触的桥头堡，也作为东西方文明沟通中心，其意义非常深远。

"一带一路"：筑牢中国与伊朗合作之基

中国社会科学院西亚非洲研究所副研究员

陆 瑾

2000 多年前，丝绸之路把中国与伊朗联结在一起，两国为建设丝绸之路、促进东西方文明双向交融做出过重要贡献。建交 45 年以来，中伊友好交往、患难与共正是对"和平合作、开放包容、互学互鉴、互利共赢"的丝绸之路精神的继承和诠释。2013 年习近平主席提出"一带一路"倡议后，得到伊朗积极回应。伊朗对振兴这一和平之路、友谊之路、合作之路寄予很高期望，积极参与共建合作项目。2016 年 1 月习近平主席访问伊朗，中伊关系提升至全面战略伙伴水平，两国签署了《关于共同推进丝绸之路经济带和 21 世纪海上丝绸之路建设的谅解备忘录》和《关于加强工业矿业产能与投资合作的谅解备忘录》等一系列重要双边合作文件，双方领导人积极推动两国发展战略对接。中伊用好各自优势共建"一带一路"将筑牢合作之基，实现共同繁荣发展。

◇◇一 伊朗政治经济发展变化趋势

（一）伊朗国内政治发展态势及前景

伊朗政局长期稳定，被认为是中东地区政治最为稳定的国家之一。伊朗伊斯兰共和国是政教合一的什叶派国家，现政权已运行近 40 年，积累了丰富的维护国家安定、抵御外来干涉的经验。伊朗成为"阿拉伯剧变"以来中东地区为数不多保持了国内政局稳定的国家，在动荡的地缘政治环境中不断崛起，地区影响力日益增强。

伊朗现行的国家权力分配模式有助于维护国家政权稳定，但复杂的政权机构之间相互掣肘又容易产生内耗和低效。最高领袖哈梅内伊掌握国家最高权力，对国家大政方针拥有最终决策权，并通过宪法监护委员会控制派系竞争不危及政权的稳定。伊朗内政的重要特征是不同派系或阵营的不断分化重组与争权夺利。自 20 世纪 90 年代以来，伊朗政坛大体形成保守派、务实派（温和派）和改革派三个阵营，以哈梅内伊为首的保守派长期掌控伊朗政局。

自 2013 年温和保守派的鲁哈尼总统执政以来，伊朗政坛出现温和化的趋向和氛围。2016 年举行的第十届议会和第五届专家委员会选举结果显示，保守派中趋于温和的人士在"两会"中占上风，伊朗政坛中的极端人士被排除在外。在新议会中，各派势力比较平衡，结束了多年来保守派在议会独大的局面。伊朗民众渴望变革，但倾向于通过政治参与而非革命推动国家逐步改革。鲁哈尼政府的实用主义路线和对外开放政策得到广大民众的认可，主流民意支持继续履行伊核协议和延续对外开放政策。

伊朗第一代革命家和教士统治集团正在老去，谁会成为领袖哈梅内伊的继承人，以及后哈梅内伊时代伊朗的国家体制及政治运转问题是值得关注的问题。

（二）伊朗宏观经济发展状况及趋势

伊朗经济长期面对一系列问题和挑战：高失业率、高通胀率、高补贴、全要素生产率低且多数国民不参与创造国家财富、贫困面广、收入分配不合理、税收占政府收入低、外国投资不足、经济对外依存度高且对世界贸易贡献率低、私有化进程放缓等。当前，伊朗经济排在世界第 18 位，全球竞争力排名第 76 位。

达成伊核全面协议后，伊朗把工作重心转向经济建设。随着美欧逐步解除涉伊核问题的制裁，伊朗经济发展出现好势头，2016 年经济增长率达到 5.4%。虽然增长幅度很大，但与经济发展第六个五年计划（2016—2021 年）设定的 8% 经济增长率尚存不小的差距。

通货膨胀得以控制是鲁哈尼政府重要的经济成果。2013 年以来，伊朗的通货膨胀率从 37.5% 持续下降至 2016 年的 8.6%（美国中央情报局的数据是 8%，世界银行的数据是 4.6%）。但随着全球大宗商品价格恢复增长和美元走强，预计伊朗 2017—2018 年的通胀率将维持在 10.5% 左右。一些持批评观点的伊朗经济学家则认为，鲁哈尼控制通胀的政策导致伊朗国内投资不足，经济低迷，失业率连续三年维持在12%左右。

2014—2016年，伊朗汇率基本保持相对稳定，外汇市场平均汇率每年上涨幅度未超过5.2%，但也有意外情况发生。2016年12月，里亚尔兑美元自由市场汇率三周内累计跌幅高达29%。经济学家认为，造成本轮汇率大幅波动的原因包括担心敌视伊朗的特朗普上台后增加制裁，美元兑多种货币走强，以及伊朗政府通过操纵汇率市场抵消政府财政预算赤字等。伊朗政府计划近期内废除双重汇率制度，建立单一汇率体系。

伊朗税收政策目标是大幅减少政府对石油收入的依赖。2015年8月鲁哈尼签署新税法，削减部分伊斯兰基金会和革命卫队下属公司的经济特权，促使伊朗市场竞争机制更加公平，增加政府税收收入。目前，税收收入占伊朗政府总收入的36%，占年度预算的50%，而石油收入仅占预算的30%左右。

达成伊核协议给伊朗带来的最大利好是对油气和石化产品进出口以及海运的限制被取消。2016年伊朗进出口贸易总额从2015年的1170亿美元增长到1496亿美元。近期，伊朗石油产量将恢复到制裁前的400万桶/日。未来伊朗石油产量是否能够继续提升和达到570万桶/日的远期目标，主要取决于拥有先进技术的国际石油公司对伊朗能源项目投资的力度。伊朗的天然气资源还处在欠开发的状态，需要依靠巨额投资带动产量大幅提升和增加出口。

鲁哈尼总统一直致力于采取各种手段和措施引进外国资金和技术。达成伊核协议后，伊朗政府积极地把外交成果转变成实际经济利益，改善国内营商环境吸引更多的外资。伊朗需要借助外国的资金、市场和技术促进国内生产和推动经济轮子运转，并与世界经济大国形成捆绑利益共同抵制美国新制裁。过去一年多来，伊朗外商投资审批委员会共批准外国投资 114 亿美元，主要投资来自法国、德国、意大利、中国和阿联酋。截至 2017 年 3 月 20 日（伊历年底），吸引外资可达 150 亿美元。

伊朗与西方尤其是欧洲国家经济关系改善已取得一定的成效。进入"后伊核协议"时代，欧洲商贸代表团络绎不绝涌入德黑兰寻求合作。2016 年 1 月鲁哈尼率团访问意大利、梵蒂冈和法国。伊朗与欧洲多国签订了总计数百亿美元的经贸合作协议，有望给深陷经济困境的欧洲国家提供大量的就业机会。伊欧贸易呈现大幅增长，欧洲重新开始购买伊朗石油，伊朗收到来自法国空客公司交付的飞机。但到目前为止，其他经贸合作大单少有落实，国际资本流入伊朗的速度和数量也远低于预期。最大的阻力在于全球许多银行担心自己触及美国财政部的制裁"红线"。

自美伊敌对以来，制裁就是美国对伊政策的重要工具。美国对伊制裁种类多、强度大，给其他国家与伊朗开展正常的商贸活动带来严重制约。自奥巴马政府解除自 2012 年以来适用于非美国实体在美国以外从事涉伊活动的制裁后，伊朗金融机构恢复了与"环球银行金融电信协会"（SWIFT）的联系，其他国与伊朗发展经贸关系及离岸银行机构与伊朗开展美元交易也不再受限制。但在实际操作中，由于《对伊朗制裁法》《对伊朗全面制裁、撤资、问责法》等美国国会通过的重要对伊制裁法案依然有效，加之美元的霸权地位，国际商业机构即便使用其他货币与伊朗进行大额交易，也很难绕过美国金融系统完成国际清算结算。况且，美国国会参议院已将《伊朗制裁法案》延长至 2026 年底。

特朗普入主白宫后，美国以伊朗支持恐怖主义和进行导弹试射为由增加了对伊朗的制裁。虽然美国新制裁不能直接阻止外资大规模进入伊朗，但已影响到诸如波音公司执行向伊朗出售客机的合同、日本重返伊朗石油开发项目，及法国道达尔公司 20 亿美元的对伊朗天然气投资项目等。当然，也不尽然如此。标致雪铁龙集团就认为，特朗普政府对伊施压，标致雪铁龙竞争对手不敢重回伊朗市场，很大可能会延长其的市场领先地位。

◇◇二　伊朗在"一带一路"中的重要作用和特点

"一带一路"倡议是促进世界经济增长的中国方案，深化经济合作是中伊共建"一带一路"的重要内容。"一带一路"倡议以经济合作为主，目的是构建更加密切的经贸合作网络和利益共同体。伊朗是中国在中东地区重要的经济合作伙伴，中国海外工程承包、成套设备和技术出口最主要的市场之一。中国是伊朗原油出口最大、最稳定的市场，已连续 7 年保持伊朗第一大贸易伙伴国的地位。

伊朗是"一带一路"沿线重要国家，并有从中发挥历史性作用的强烈意愿。中国高度重视同伊朗在共建"一带一路"框架下开展合作，在中东推进"一带一路"倡议需要伊朗的支持和参与。伊朗外交独立，是中国在中东为数不多可以倚重的重要战略力量。中伊政治互信较高、经济互补性强，双边经贸关系长期稳定发展。在"一带一路"框架下继续深化合作是保证中国经济可持续发展的战略选择。伊朗位于中亚—西亚至波斯湾—地中海经济走廊上，地缘优势明显。中伊在能矿资源、产能合作、资金和技术等方面能够形成优势互补，两国以"一带一路"为主线,以互联互通和产业合作为支点,实现优势产业、优质资源、优良市场对接是实现互利共赢的重要路径。

基础设施互联互通是贯穿"一带一路"的血脉,也是"一带一路"建设的优先领域,与伊朗重视基础设施建设高度契合。伊朗位于东西交通枢纽,在区域基础设施连通、跨境运输、边境贸易方面有很好的基础。伊朗与中亚、西亚和高加索地区的很多国家在民族、宗教、语言、文化和历史上高度关联,经济辐射空间广阔,在区域经济合作中能够发挥作用。伊朗已实现与中东、中亚多国的铁路、公路、管网互通。伊朗—土库曼斯坦—哈萨克斯坦的南北通道已贯通,萨拉姆齐(伊朗)—巴士拉(伊拉克)和伊朗—阿塞拜疆—俄罗斯两条铁路正在建设中。依托波斯湾地区的恰巴哈尔港、里海附近的恩泽利、萨拉赫斯的边境口岸,伊朗可同时在三个不同的方向成为中欧运输通道的枢纽。伊朗、俄罗斯和阿塞拜疆正在实施的南北交通走廊项目,将为欧洲与东南亚提供更加便捷的商贸通道。伊朗与巴基斯坦共建"和平管道"工程正在进展,伊朗期待本国天然气抵达瓜达尔港后能通过与中巴经济走廊项目对接,实现向中国市场输气。伊朗表示愿意加入中巴经济走廊建设,这将有助于加强地区国家的合作。伊朗与巴基斯坦、土库曼斯坦、阿塞拜疆、阿富汗、亚美尼亚、伊拉克和土耳其进行交换电力,是土耳其重要的油气供应国。伊朗与土库曼斯坦在天然气领域的合作符合双方的共同利益。

推动中伊产能合作是落实"一带一路"倡议的重要途径,与伊朗提升工业化水平的需求高度契合。"一带一路"建设的核心部分是以中国对外投资为主的基础设施互联互通、能源资源合作、园区和产业投资合作等,而伊朗将交通基础设施、工业园区和经济开发区、农村和矿山及以宾馆和医院为主的服务业，列为经济发展战略的重点领域，鼓励外国企业在油气、汽车、铜矿、石化、食品和药品行业投融资或技术转让，希望以共建"一带一路"为抓手，借助更多的中国投资大力发展国内轨道交通，并通过扩展铁路网络带动运输业和旅游业的繁荣。伊朗对从"丝路基金"和"亚投行"等渠道获得更多投融资充满期待。伊朗已开始筹建多个城市的地铁工程项目，大幅增加全国的公路、铁路总长度，及新建港口、机场和房屋等，这些项目将带动水泥、钢铁等建筑材料的需求，有助于推动中伊产能合作。中国在铁路、电力、通信、工程机械、冶金、建材等领域优势明显、竞争力强，又有充足的资金做依托，伊朗为中国优质产能"走出去"提供了市场。对于伊朗企业来说，在与中国的合作中能够引进先进的技术和设备，提高自主生产能力。中伊合资建立德黑兰轨道车辆制造公司是非常成功的案例。伊方通过加强与中资企业合作突破了资金和技术瓶颈，该合资公司下属的轨道车辆组装厂目前在中东地区处于业内领先地位。

　　共建能源安全共同体是中国与中东国家共建"一带一路"的重要目标，伊朗是不可或缺的合作伙伴。中国位于世界最大的石油消费及进口国之列，需要多元化的能源进口渠道保证经济可持续发展。伊朗油气资源储量位居世界前列，是石油生产和出口大国。长期以来，中伊石油贸易在经贸合作中占有重要的地位，是中国能源安全的重要保证。伊朗油气地缘优势突出。伊朗位于中东油气区与中亚油气区的连接点，控制着国际能源重要通道霍尔木兹海峡。中伊能源合作在满足我国能源企业国际化发展需要的同时，还能够提升伊朗在油气地缘格局中的地位。随着伊朗石油合同模式的修改和油气行业全产业链对外开放政策的实施，中伊石油贸易合作有望从以初级为主的能源合作扩大涉及其产业上下游领域的全方位合作。首先，在油气投资方面，伊朗制定了开发新油田和提升成熟油田采收率的宏伟规划，中国石油企业与伊朗在提高采收率领域的投资合作机会巨大。其次，在技术服务方面，针对本国油气基础设施薄弱的现状，伊朗制定了南北管道项目、天然气出口管道、油气储库和码头建设等规划，为中国石油工程建设、物资装备等相关企业提供了良好的合作机遇。伊朗的炼化行业既需要投资，又需要技术，中国在炼油技术和产业方面具备优势，如果带资输出技术将会受到欢迎。再次，在装备出口方面，随着伊朗石油行业的回暖，对工程技术服务和装备制造的需求也将随之增长，这给中国油气装备制造出口和中国石油工程技术服务企业加强与伊朗合作提供了机遇。

◇◇三 中伊"一带一路"合作的新进展

自 2016 年 1 月习近平主席访问伊朗以来，"一带一路"框架下的中伊经贸合作不断取得成果。2016 年 2 月，满载中国日用百货、服装、五金等小商品的集装箱货车从义乌出发，途经哈萨克斯坦和土库曼斯坦抵达伊朗，实现了伊朗与中国东部经济发达地区的陆路连通，标志着"丝绸之路"中伊段已投入运营。此外，中伊签订的造价 21 亿美元的德黑兰—马什哈德铁路电气化改造项目已正式开工建设，其中造价的 85% 由中国进出口银行提供融资贷款，伊朗交通运输部提供贷款担保。伊朗与中石化和中石油签订了雅达油田二期项目和北阿扎德甘油田二期项目的谅解备忘录，涵盖包括石油天然气的勘探开发、设备制造、提炼和石油化工等一系列的合作项目。中伊签署了在伊朗南部格什姆自贸区修建石油码头的合同，拟将格什姆岛建成伊朗最大的石油产品生产和储存地。中伊签署政府间《关于动物卫生及动物检疫的合作协定》及中伊农业部《关于加强渔业合作的谅解备忘录》等文件。近期，伊朗马什哈德地铁2号线列车完成首次载客试运行，"中国造"地铁列车再次展现了中国制造技术的精湛和魅力。

中伊金融合作获得重大突破是深化两国务实合作迈出的重要一步，必将为投资、融资、产品置换等多种模式的经贸合作提供更好的服务。在2016年8月，伊朗财经部分别与中国进出口银行、国家开发银行签署谅解备忘录，将共同为中伊经贸项目提供融资。中国进出口银行提供的贷款额度没有上限，中国国家开发银行的贷款额度为150亿欧元。此外，伊朗央行将在中国进出口银行开设欧元、人民币账户以促进银行合作、资金汇兑。中国进出口银行将向伊方提供长期的低息优惠贷款，涵盖道路、港口、交通、工厂、通信、工业园区、油气、医疗卫生、农业和旅游等领域。日前，中国出口信贷保险公司提供了13亿美元的信贷，以资助中石化对伊朗阿巴丹炼厂进行升级改造项目。中国昆仑银行与北京中伊商会签署两国企业国际产能合作母基金（有限合伙）合作备忘录，总规模为50亿元（人民币），用于推动中伊双边国际产能合作。

中伊军工贸易往来已有30多年的历史，随着2016年11月中国国务委员兼国防部长常万全访问伊朗，两国长期军事防务关系及合作得到深化。两国签订了军事合作协议，包括扩展双边防务合作、交流军事经验，尤其在军事人员培养培训方面，以及在与恐怖主义和地区安全威胁斗争问题上将进行全面协作。中东位于"一带一路"的中段，不可绕过，但近年来地区动荡成"常态"，并且恐怖主义猖獗向外蔓延，使在这一地区推进"一带一路"存在很大的安全风险。

特朗普当选美国新总统后，出现伊朗对中国战略倚重增强的态势。伊朗更加重视共建中伊战略伙伴关系，期待在"一带一路"框架下两国务实合作取得更多成果。一方面，特朗普以增加制裁打压伊朗，还可能会设法重新激活核协议前对伊朗的国际制裁。给伊朗与欧洲国家签订的重大项目合同执行带来很大的不确定性。过去一年多来西方国家对投资伊朗持观望态度，伊朗对这些国家大规模重返伊朗市场已难抱幻想。此外，美国正在与阿拉伯盟国探讨建立一个以沙特和以色列为轴心的"反伊战线"，即"阿拉伯北约联盟"。该联盟将成为相互保护北约体系中的一部分，并在美国的直接支持下采取行动削弱伊朗在地区的影响力。另一方面，无论落实核协议还是重振经济，伊朗都需要依靠中国的力量。只要伊核协议继续执行，美国就没有理由恢复涉核问题的对伊制裁，这需要其他签约的支持。此外，随着越来越多拥有世界顶尖技术的中资企业参与伊朗高铁、卫星、核电、通信等高新产业建设，"高标准、高技术、高价值"产品和项目正逐渐改变伊朗民众对"中国制造"的偏见，中国不断强大的管理能力和领先技术将获得更多伊朗人的信任。更为重要的是，历史证明中国与伊朗患难与共，在伊朗最困难的时候，中国坚定地发展同伊朗的友好合作关系。

"16+1合作"如何推动
"一带一路"建设

中国社会科学院欧洲研究所研究员

刘作奎

2012年中国会同中东欧16国启动了"16+1合作"框架，借助这一框架，中东欧国家"向东看"的外交政策日益强化，寻求从中国获得更多发展机遇的愿望较为迫切。无论是中欧国家、波罗的海国家还是巴尔干国家，大都提出了加强与中国合作的举措，双方高层互动频繁，合作举措频出。从2012年华沙"二十点合作倡议"、2013年《布加勒斯特纲要》、2014年《贝尔格莱德纲要》、2015年《苏州纲要》和《中国—中东欧国家中期合作规划》再到2016年的《里加纲要》，"16+1合作"框架不断推出推动"16+1合作"的举措。

自2013年到2014年，中国不断丰富"一带一路"合作倡议的内涵之后，中东欧16国在"16+1合作"框架下积极参与"一带一路"倡议。中东欧16国全部纳入"一带一路"框架，其战略价值是全方位的，它不仅仅是一个合作市场，已经或即将成为欧盟成员国的中东欧16国在勾连欧亚市场、推动中欧合作上将发挥一定的作用。快速发展的中国和中东欧合作，可成为"一带一路"的积极推动力量。

◇一 中东欧参与"一带一路"建设的现实基础

（一）良好的市场潜力

中东欧是当今市场经济最发达的实体——欧盟的一部分，同时也是转型经济体的代表，拥有多种层面的经济发展形态。它正经历从新兴经济体向发达经济体过渡阶段，对中国有较大的融资需求，展现了诸多投资机遇，从而成为中国企业投资发达国家市场的重要"试水区"。该地区人力、资本、产业等投资基础相对较好，并且获取欧盟技术和市场也较为便利。正因为如此，近两年来中国企业在中东欧的投资和并购增多，多层次合作交流日益铺开。这就为中国妥善而有效地进入欧盟大市场创造了条件，积累了经验，从而为丝绸之路经济带建设对接欧洲市场进一步夯实了基础。

（二）优越的地理位置

中东欧勾连着独联体国家和欧盟，是欧亚大市场的枢纽地带之一，也是丝绸之路经济带建设的枢纽地区之一。中东欧国家在历史上很多时期，扮演着非常重要的角色。麦金德著名的言论："谁统治了东欧，谁就能控制大陆心脏；谁统治了大陆心脏，谁就能控制世界岛；谁统治世界岛，谁就能控制全世界。"表明了中东欧国家地理位置的重要性。

更为难得的是，中东欧国家大部分是中国的传统友好国家，双方没有突出的历史矛盾，也没有明显的历史遗留问题。在这里可以找到中国的友好国家如匈牙利、塞尔维亚、罗马尼亚等国，也有对中国发展带来的机遇充满兴趣的国家，如波兰、捷克、拉脱维亚等国。它们是中国畅通"一带一路"的重要支点国家。

（三）良好的机制保障

目前，中东欧参与"一带一路"建设的机制较为多元，可以借重的主要有中国和中东欧合作框架、中国和欧盟相关合作机制以及亚欧会议机制。这里的"16+1合作"框架成为中东欧国家参与"一带一路"的重要机制保障。2013年的罗马尼亚《布加勒斯特纲要》首次将丝绸之路经济带建设纳入"16+1合作"框架下；2014年塞尔维亚《贝尔格莱德纲要》再次发力，将"一带一路"倡议列入"16+1合作"的重要日程。此后的历届"16+1峰会"都强调了"一带一路"倡议对中国和中东欧国家合作的引领作用。到目前为止，中东欧是"一带一路"沿线唯一一个全区域都列入倡议框架下的区域。目前已有8个中东欧国家与中国签署了共建"一带一路"合作文件，其他国家也都提出希望与中国在"一带一路"倡议下加强合作的意愿。

◇◇二 "16+1合作"推动"一带一路"建设取得的成就

(一) 完成了"一带一路"倡议在欧洲的基本布局

从工程建设的角度看,借助中东欧地区的区位优势,我国完成了在欧洲的陆上丝绸之路和海上丝绸之路建设。陆上丝绸之路是以欧亚大陆桥为主要通行线路,从中国相关省份出发,经新疆、中亚、俄罗斯、中东欧国家到达西欧。海上丝绸之路是由中国南部沿海城市出发,经过海运线路到地中海至希腊的比雷埃夫斯港(简称"比港"),然后由比港经匈塞铁路进入欧洲市场。这两条线路的构建,为"一带一路"成功布局欧亚大陆夯实了基础,而中东欧在这两条线的布局中发挥了关键作用。

(二) 形成了一系列金融支持工具

"一带一路"等基础设施建设离不开金融支持,中方为此积极出台各种金融安排。比如,亚洲基础设施投资银行、丝路基金以及一些双边、多边的合作基金,极大推进了中东欧双方的基建合作。同时,在中国和中东欧国家合作框架下成立了100亿元专项贷款、5亿元投资基金(已滚动至第二期)、中国和中东欧国家金融公司等。中方还积极推进亚洲基础设施投资银行、丝路基金、欧洲投资银行、欧洲复兴开发银行及其他国家、地区和国际金融机构开展合作，共同开发中东欧基建市场。

（三）形成了一系列制度或平台保障

为了推动中东欧积极参与"一带一路"建设和"16＋1合作"，中方会同中东欧国家提出了各种合作框架和机制（见表1），涉及了各种行业和领域，丰富了中国中东欧国家合作的内涵，也积极助推"一带一路"倡议在中东欧走向深入。

表1 "16＋1合作"框架下已建的合作机制或平台

协调机制或平台	秘书处所在地	主办单位
16＋1旅游促进机构及企业联合会	匈牙利	匈牙利旅游公司
16＋1投资促进机构联系机制	波兰	波兰信息与外国投资局
16＋1联合商会	波兰（执行机构）、中国（秘书处）	中国贸促会
16＋1省州长联合会	捷克	捷克内务部
16＋1农业促进联合会	保加利亚	农业与食品部
16＋1技术转移中心	斯洛伐克	斯科技信息中心
16＋1智库交流与合作网络	中国	中国社会科学院
16＋1物流合作联合会	拉脱维亚	拉脱维亚交通部
16＋1林业合作联合会	斯洛文尼亚	斯农业、林业和食品部

（四）调动中国—中东欧国家地方参与"一带一路"合作积极性

地方之间的合作对于推进欧亚大陆通道建设发挥了非常重要的作用。最早的货运班列渝新欧就是地方合作的产物。在2013年在罗马尼亚召开的中国和中东欧国家领导人会议上，首次提出支持地方合作，强调："为鼓励和支持地方合作，将地方合作作为中国—中东欧国家合作的重要支撑之一。支持建立中国—中东欧国家地方省州长联合会，中国和中东欧国家省州市将根据自愿原则参与。每两年举行一次中国—中东欧国家地方领导人会议。"目前，地方合作具体成果纷纷落地。包括捷克布拉格，波兰罗兹，匈牙利布达佩斯，中国的苏州、宁波、成都、唐山等纷纷推进地方合作。这些地方合作围绕着"一带一路"建设开展了在交通、能源、基础设施、人文等领域的合作，形成了一系列积极的成果。

（五）与第三方合作扩大了"一带一路"倡议在欧洲的影响

中东欧地区特殊的地理位置决定了第三方在其中势必会发挥重要作用。美国、俄罗斯、德国、欧盟因素有着广泛的存在，而作为沟通欧亚大陆的纽带和开放性市场，土耳其、希腊、国际金融机构、非政府组织、跨国机构更是遍布于此，这就为开展同第三方合作创造了条件。2015年11月在苏州举办的中国—中东欧国家经贸合作论坛开幕式上，国务院总理李克强强调，中国—中东欧国家合作是一个开放包容的合作平台，欢迎第三方的加入。中国在中东欧的基建投资，可以考虑使用西欧等发达国家的技术，而希腊、奥地利、欧洲复兴和开发银行受邀参加苏州峰会，更是明显旨在推动第三方在中国中东欧合作中发挥作用。这些第三方的加入产生了良好的联动效应，提升了"一带一路"倡议在欧洲的影响。

◇◇三 面临的问题和困难

（一）中东欧国家对"一带一路"倡议的不了解和不理解

这种不了解集中体现在：（1）很多中东欧国家认为"一带一路"建设是中国人自己的事情，希望中国来投资推动中东欧本地的互联互通。（2）认为"一带一路"就是一个基础设施建设工程，希望中国在中东欧多修路、建路，多买港口、码头等，借机升级它们的基础设施。（3）认为"一带一路"工程浩大，风险很多，又加上没有明确的建成时间表和路线图，认为这一倡议很难最终实现，因此很多中东欧智库呼吁不要对中国的"一带一路"倡议期望值太高。（4）对中东欧16国全部纳入"一带一路"沿线国家存有较大异议，认为并不是每个中东欧国家都能发挥作用，而只有少数几个国家才是真正意义上的"一带一路"参与国。

（二）工程实际推进过程中面临不少问题

对陆上通道建设来说，面临的主要问题是：（1）制度和标准协调压力。欧亚大陆沿线国家铁路基础设施条件不一，通关、换轨和检验检疫等一系列问题需要加快协调，才能确保运输的畅通；（2）国内各运输段面临不良竞争和地方财政补贴压力，回程货无法得到保障等；（3）欧亚大陆通道竞争日趋激烈。在国外，多条丝绸之路经济带建设方案纷纷被提出，一些国家和地区组织看到亚欧市场的巨大潜力，纷纷从各自的角度出发提出"类丝绸之路经济带"方案。迄今为止，联合国、美国、欧盟、俄罗斯、土耳其、哈萨克斯坦、日本等国均提出了横跨欧亚的丝绸之路建设方案，这使得亚欧的国际通道竞争异常激烈。

而海上通道建设面临的问题也不少，中国成功收购希腊比雷埃夫斯港为中欧陆海快线的布局提供了有力的支撑。但目前为止，匈塞铁路建设推进相对缓慢，受制于欧盟规则等限制，大型基建项目在欧投资屡屡碰壁。而难民危机、恐怖主义在巴尔干的肆虐本身为工程建设带来较大风险。

（三）"16＋1合作"框架本身面临挑战

（1）中东欧部分国家仍对16国可以被纳入统一合作区域有疑问。从16国所涵盖的区域来看，具有鲜明的区域特点，波罗的海区域、中欧区域、巴尔干或者东南欧区域。在波罗的海区域，更倾向于发展同中欧关系的北方维度，将北欧国家纳入进来，在中欧区域，更欢迎"V4＋中国"模式以及将重要的利益相关者奥地利等国家拉入进来；而在东南欧区域，更欢迎将摩尔多瓦、科索沃（中国至今未承认）甚至乌克兰、白俄罗斯等国家拉入进来。由于16个中东欧国家彼此沟通不足，无法形成对华合作的统一立场，且没有任何一个国家可以代表16国整体开展谈判，因此难以整合成一种力量。

（2）欧盟有也怀疑这种次区域合作的动机，因为它们认为这将更加"分而治之"欧盟。"16＋1合作"是欧盟复杂性所派生出的一种合作尝试，因此它存在一种等级或者依赖关系，而中国与其他区域合作则不存在像欧盟这样的中央权威。由于 16 国上面存在一个欧盟这种实体的区域领导机构，所以比起其他区域合作模式，"16 + 1 合作"推进的难度更大、遭遇的制度瓶颈更多。

（3）"16 + 1 合作"的功能结构略显单一，某种程度上"只谈生意不谈政治"。中国"求发展"的愿景与 16 国"求稳定"的现实关注有时并不匹配。双方针对发展的理解以及推进发展的动力的理解不一样，选举政治所追求的发展无疑更多强调的是就业、社会保障以及民主治理模式的可持续性，中国的发展更多强调的是经济竞争力和在全球范围内经济资源的整合。由于中东欧受到欧债危机、乌克兰危机、难民危机等的影响，如何应对各种危机是它首要关注的。"16 + 1 合作"框架在解决这些危机上的作用是比较间接的，双方在安全事务等高政治领域的合作一再被中东欧方面提起。又如中欧国家波兰，乌克兰危机发生时，波兰坚决要求抵制俄罗斯的"入侵"行为，并且维护欧盟对制裁俄罗斯的统一立场，但波兰同时又对中国无视波兰在乌克兰外交上的关注而感到不满。

◇◇四　政策建议

（一）加强宣传，坚持企业先行

宣传"一带一路"倡议和"16 + 1 合作"的积极理念，增信释疑，广开合作渠道。在宣传过程中，可尝试选择以企业和非政府组织为主，政府支持和跟进的原则。政府启动宣传机器在国外往往效果不够好，企业做相关宣传则会更加接地气，更容易在社会和媒体层面产生影响。企业宣传往往能把自身投资和"走出去"的实际与"一带一路"和"16 + 1合作"的政治意义结合起来，往往能够讲出并讲好"中国故事"——故事一定是具体的、有血有肉的，而不是坐而论道、崇尚空谈。

在"走出去"的过程中，应设立企业是先锋和排头兵的意识。注重让企业与世界各国在文化、教育等领域沟通，依托企业的境外投资主体地位，按国际规则和市场规律办事，注重树立中资企业的国际社会责任。企业应当深入了解当地经济社会发展的要求，支持当地增加就业，突出开放包容、互利共赢的合作精神，进一步促进与周边国家的信任和了解，消除不必要的顾虑，营造有利国际政治和投资环境。

强化对科研和学术活动的资助，可考虑在中东欧等国出资建立研究中心，推广中东欧精英对中国的了解，与孔子学院等工程相辅相成。

（二）注重框架和平台之间的合作，取长补短

"16 + 1合作"框架只是中欧合作的一种补充，这就注定它的功能是相对有限的，尤其是在发展的初期阶段，不可能将议题无限延展到各个重要领域，尤其是涉及安全的高政治领域。维持合作生命力必须加强合作战略性，不能在低水平合作上徘徊。在这一点上，"16 + 1合作"和"一带一路"倡议并不是无所作为。对于中东欧地区面临的安全问题，可以利用联合国框架积极推动解决，也可支持在欧盟以及相关次区域框架或地区安全框架（如欧洲安全和合作组织）下解决。中国可加强平台之

间的互通有无，互相合作，全球和区域外交相结合。

（三）进一步开放办平台，加大辐射和影响力度

"一带一路"倡议无疑给了"16＋1合作"广泛的平台和发展空间，使其有较大的扩展空间在政策对话、经贸促进、民心相通方面发挥潜力。今后仍应推出"拳头"产品，深挖地方合作、第三方合作的潜力。为保持生命力，应吸引更多的利益攸关方加入进来，进一步开放观察员制度，吸引包括欧盟及其成员国、国际金融机构和国际组织加入进来，释放更大的能量。

（四）积极处理好"16＋1合作"与"一带一路"倡议的关系

既要避免"16＋1合作"有太多的"一带一路"倡议的色彩，从而使自身的特色和议程设置被淹没，又要积极利用"16＋1合作"撬动"一带一路"倡议的潜力，要肩负更多的小马拉大车的使命，积极推动"一带一路"倡议建设，才能放大自身的影响力。主动塑造"一带一路"倡议的性质和内涵，从而形成自身特色，成为引领次区域合作的一种新模式，比如解决"一带一路"建设中的安全风险问题、冲突问题等，主动做好顶层设计，为"一带一路"发展加码，从而显示出自身的生命力。

中国与哈萨克斯坦合作展望

中国社科院俄罗斯东欧中亚研究所研究员

张 宁

哈萨克斯坦始终坚持"先经济后政治"的治国理念。2017 年初开始的新一轮宪法改革,适当向议会和政府分权,提高议会对政府的监督制约能力。宪法改革后,落实国家发展战略将成为重中之重。当前和未来一段时期,哈国内局势总体上会保持稳定,现行对外政策不会大调整,对华友好合作态势会继续巩固发展。

我国可将对哈合作升级为"两个百年梦"和"2050 年战略"对接,将目前关注具体合作项目的"丝绸之路经济带"与"光明大道"对接提高至两国远期战略对接,将两国重点合作期限由目前的"2020 年前"延长到"2050 年",在"强大国家"的相同理念下,共同建设命运共同体。

◇一 哈萨克斯坦现状

2016 年以来,哈经济社会发生一些新的变化。继 2015 年总统选举和

2016 年议会下院选举后，哈新一轮政权交替结束。预计在 2020 年前（本届总统任期结束），落实"2050 年战略"（实现进入世界前 30 强国家行列目标）、调整好政治力量布局、打击宗教极端、坚持平衡外交政策是纳扎尔巴耶夫面临的经济、政治、安全和外交领域的四大重任，关系纳扎尔巴耶夫的历史定位和评价。

经济方面，出现止跌回升，重回增长通道。独立后，哈经济大约每 5—8 年一个波动周期，最大的影响因素主要是外部的国际石油等原材料价格、欧洲市场景气程度和汇率变动等。自 1996 年以来，哈经济困难主要体现为 GDP 增速放缓，并未出现倒退。据哈国家统计局数据，2013—2016 年，GDP 规模按本币计算始终保持增长势头（但增速明显放缓），当年增长率同比分别是 6%、4.2%、1.2% 和 1%，2016 年达到 45.23 万亿坚戈。但受货币贬值影响，按美元计算的 GDP 规模分别是 2366 亿美元、2214 亿美元、1844 亿美元和 1321 亿美元。

2017 年 1 月纳扎尔巴耶夫发表年度国情咨文《哈萨克斯坦第三个现代化建设：全球竞争力》，提出要利用好第四次工业革命提供的机遇和有利元素，加快发展创新经济和社会现代化，落实"五项改革"。未来主要经济任务是：（1）落实既定国家发展战略，包括"光明大道"计划、2015—2019 年工业创新纲要以及若干 2020 年前行业发展纲要；（2）维护宏观经济稳定，尤其是控制通胀和汇率；（3）进一步改善商业环境，鼓励创新；（4）建设阿斯塔纳、阿拉木图、奇姆肯特、阿克纠宾四大城市群。

值得注意的是，哈外债压力增加。尽管经济有小幅回暖迹象，但主要依靠前期的投资拉动。同时，因自有资金不足，哈内外债增加，很多指标已接近国际公认的外债风险警戒线，融资回收风险加大。截至 2017 年初，国债总计 11.76 万亿坚戈（合 353 亿美元），占 GDP 比重达 26%，2016 年赤字占 GDP 比重 1.7%，外债总额 1653 亿美元。截至 2016 年 9 月底，哈外债负债率（占 GDP 比重）121.6%，债务率（占出口比重）381%，偿债率（利息占出口比重）12.7%。我国在哈投资的企业难以借助哈政府资金开展大规模工程承包建设。哈鼓励发展"国家—私人"合作模式，对我国资金需求大，我国投资风险亦随之增加。

政治方面，政治发展进入稳定期。主要任务是全力推进"五项改革"（建立专业化政府、建立法治国家、推进工业化以确保经济可持续增长、建立统一和谐国家、建立透明开放的政府）和落实"国家建设百步计划"，主要有：（1）重新进行总统、议会和政府三者间的权力分配，打造"强力的总统、权威的议会、负责的政府"新格局；（2）继续推进"电子政府"建设和公务员制度改革，提高行政效率；（3）稳步落实司法改革；（4）加强执政的"祖国之光"党建设；（5）培养和锻炼干部。2014 年以来，哈频繁调整政府机构组成和干部任命，人事变动较大，这种态势预计还会持续相当长时间。

未来一段时间，落实国家发展战略和安排好政治力量结构体系这两大需求可能促使纳扎尔巴耶夫加快干部轮换，通过岗位交流和新老交替等方式，让干部在不同岗位历练，培养经验和威信，同时，削弱干部与寡头或利益集团的联系。哈国内存在石油、矿产、媒体、军工、农业、金融银行等利益集团。几乎每个集团都融合银行、自然资源、工业、媒体等多种资源，与政界人士交好，与国外有诸多联系。

安全方面，压力渐大但形势总体可控。哈是独联体集体安全条约组织成员，军事国防安全有集安组织保障，目前的威胁主要是非传统安全，如极端主义、贩毒等有组织犯罪等。多年来，瓦哈比、萨拉菲和达瓦宣讲等宗教极端思想在哈境内屡禁不绝，近年，从中东和南亚回流的暴恐和极端分子也增加反恐压力。2016 年阿克纠宾和阿拉木图等地发生多起恐怖事件后，哈当局担心此举引发连锁效应，国内外的反对力量借机炒作，将矛头引向对政府的不满。所以纳扎尔巴耶夫在电视讲话中，不仅提醒公民增强反恐和反极端意识，更要防范"颜色革命"，吸取中东北非地区"阿拉伯之春"的教训，努力维护国家稳定。

总体看，哈当局有足够能力和手段掌控国内局势，不存在"三股势力"合流风险。伴随《2013—2017 年反对宗教极端和恐怖主义国家纲要》等政策措施逐步落实和效果显现，本土传统的影响力有望逐渐增强，宗教极端的高发态势可有效遏制。

外交方面，继续奉行实用和平衡原则。自 2012 年提出"2050 年战略"至今，纳扎尔巴耶夫已很少专门就对外政策发表讲话，始终强调对外政策的基本原则、任务和方向不变。从外交实践看，受经济困难、欧亚经济联盟建设逐步深入以及中国提出"一带一路"战略等影响，哈与中俄两国关系近 5 年来更加紧密，帮助俄罗斯解困的外交活动也增多。

预计未来的主要任务有三：一是与周边国家和世界大国发展良好关系；二是积极推进区域一体化建设，尤其是欧亚经济联盟和落实与中国的对接项目；三是提高国际地位和声望。多年来，哈通过举办各类国际会议和国际赛事，以及利用各种场合提出国际合作倡议，为自己赢得很高的国际威望。如伊朗核燃料处理、阿富汗重建、无核世界、乌克兰和叙利亚和谈等。

纳扎尔巴耶夫总统2015年9月29日在联合国可持续发展峰会上提出"大欧亚"合作倡议，希望利用自己的独特地理位置，发挥哈过境潜力和桥梁作用，将欧盟、欧亚经济联盟和"丝绸之路经济带"三者相结合，建立一个从欧洲经欧亚大陆直至太平洋的区域合作机制和区域大市场。

◇◇二 哈萨克斯坦在"丝绸之路经济带"的作用和意义

哈是我国全面战略合作伙伴，对我国"丝绸之路经济带"建设具有重要作用。

（1）合作模式的榜样作用。哈是"丝绸之路经济带"倡议的诞生地（由习主席2013年在纳扎尔巴耶夫大学提出），是最早表态支持我国"一带一路"建设并赞同我国理念的国家之一，是"对接合作"与"产能合作"等概念和模式的发源地。两国的合作理念、合作方式与合作内容均具有探索实践和示范意义。

（2）利用国内国外资源，优化经济要素的配置，盘活我国西部经济资源的平台。经济要素主要包括自然资源、基础设施、土地、商品、资金、技术、管理、劳动力、制度体系等。区域合作之所以能够吸引成员，主要原因就是能够满足成员的不同需求，使其能够在更大范围内，更合理地配置整合经济要素。与此同时，由于对资源配置效果的理解和计算结果不一，往往致使各方的兴趣和支持程度不同。

（3）打造"西部核心区"的关键环节。哈是我国"中国—中亚—西亚经济走廊"和"第二亚欧大陆桥经济走廊"的始发地，未来，如果"一带一路"规划的6条经济走廊建设顺利，我国西部地区可真正成为整个欧亚大陆中部的"核心区"，成为南连印巴，北接俄罗斯，西邻中亚的枢纽，成为南亚国家与独联体国家合作的最便捷通道。近年，我国多地开通通往欧洲的铁路货运专列，哈作为必经之地，是我国发展陆路物流的关键环节之一。

（4）建设"丝绸之路经济带"与欧亚经济联盟对接合作的平台，也是"一带一路"与俄罗斯"大欧亚全面伙伴关系"对接的重要伙伴。哈是欧亚经济联盟成员，在联盟中有相当大的影响力，是我国打开联盟市场的通道之一。因国情不同，哈对于欧亚经济联盟、上海合作组织、丝绸之路经济带、大欧亚战略等有自己的理解和诉求，很多方面与俄罗斯并不一致，因此，"丝绸之路经济带"与欧亚经济联盟对接绝不是"中俄合作便可解决一切"那么简单，需要考虑和协调哈的态度和立场。

（5）关系我国西部稳定以及"一带一路"的项目安全。哈是我国西出国门后的第一个友邻，是我国西部安全的第一道屏障。哈在20世纪90年代曾是"东突"和"维吾尔解放组织"的海外基地之一，当前则是瓦哈比和萨拉菲等伊斯兰宗教激进主义和极端主义向新疆渗透的通道之一。当前，哈本身亦遭受宗教极端的威胁。我国在哈项目可能面临恐怖主义袭击风险。

（6）削弱"中国威胁论"的试验平台。哈是"中国威胁论"的重灾区之一。一来，哈在苏联时期就是"反华"前沿，居民长期接受有关"中国威胁"的宣传和教育，对哈国民（尤其是年龄较大的人）的心理影响至今存在；二来，我国对哈大量投资，令部分利益集团、部分大国以及部分大型跨国企业嫉妒，于是散布"中国威胁论"，企图诋毁我国形象，挑动民众，并对哈政府造成压力。比如 2016 年哈部分民众就是借口"中国可能利用该法漏洞侵占哈土地"而反对土地法修正案。

◇◇三 中哈对接合作成果与问题

截至 2017 年初，中哈"丝绸之路经济带"与"光明之路"对接合作已取得的成绩主要有以下方面。

一是双方顶层设计的战略对接。在"全面战略伙伴"关系指导下，两国就"丝绸之路经济带"与"光明大道"对接达成共识，先后签署《关于共同推进丝绸之路经济带建设的谅解备忘录》《关于加强产能与投资合作的框架协议》《"丝绸之路经济带"建设与"光明之路"新经济政策对接合作规划》。哈成为"丝绸之路经济带"建设的最积极支持者。

二是建立和完善对接合作的工作机制。具体实施工作的牵头部门分别是中方的国家发改委和哈方的国民经济部，外交部、商务部、交通部等十多个部门参与其中，负责统筹协调两国合作规划。

三是产能合作进展顺利。截至 2016 年底，产能合作"早期收获"项目清单共包括 51 个项目，总投资额 268 亿美元，鼓励企业参与纺织、食品、工程机械、汽车等传统优势产业以及新一代生物、新能源及新材料等新兴产业发展。截至 2016 年初，双方的汽车组装、聚丙烯项目已开工，阿斯塔纳轻轨、钢铁、冶炼、水泥等领域十余个项目已启动。

四是基础设施建设稳步推进。交通方面的重点项目"西欧—中国西部"公路（双西公路）哈境内部分已大部分竣工，2017 年可实现全线通车；俄罗斯段将于 2017 年初开始建设，并于 2020 年前建成。另外，中哈（连云港）物流基地、连云港上合组织国际物流园区、"霍尔果斯—东大门"经济特区等物流基地建设已正式启用，霍尔果斯铁路口岸开始运营。

五是金融支持力度较大，合作项目具有雄厚的融资能力和资金支持。截至 2016 年底，两国已建立的可以支持"一带一路"和中哈合作的开发性金融机制主要有：（1）亚洲基础设施投资银行，资本规模 1000 亿美元，初始资金 500 亿美元。（2）丝路基金，资本规模 400 亿美元。（3）中哈产能合作专项基金。由丝路基金 2015 年出资 20 亿美元建立，重点支持中哈产能合作及相关领域的项目投资。（4）中国—欧亚经济合作基金。由中国进出口银行和中国银行 2014 年 9 月共同发起成立，总规模 50 亿美元，目标行业包括农业开发、物流、基础设施、新一代信息技术、制造业等。

与此同时，两国"丝绸之路经济带"与"光明之路"对接合作可提升的空间主要有以下几方面。

（1）关于两国关系定位。自 2011 年确定为"全面战略"伙伴关系后，现在两国处于"进一步全面深化"全面战略伙伴关系阶段。在中国的对外关系战略中，战略伙伴有全天候战略合作伙伴、全面协作伙伴、全面战略合作伙伴、全方位战略合作伙伴、全面战略伙伴、创新战略伙伴、战略伙伴之分。不同表述的核心区别在于，战略伙伴是否"全面"以及是否带有"合作"字样。全面战略伙伴通常优于一般的战略伙伴，战略合作伙伴通常优于战略伙伴。从字面看，中哈的"全面战略伙伴"

尽管处于深化的新阶段，但缺少"合作"二字，说明两国在很多领域仍有巨大提升空间。

（2）关于两国的政府间合作机制。自2012年确定"总理定期会晤机制"以来，中哈在中央政府层面已形成以"总理年度会晤＋中哈合作委员会＋10个分委会"为主导的官方合作平台。10个分委会分别是：经贸、交通、铁路、口岸和海关、科技、金融、能源、地质矿产、人文、安全。在上述相关领域内，两国从基层到中央各层次的定期会晤机制健全且通畅，可及时协调沟通。为进一步深化合作，未来可将旅游、电子商务、农业等从现有分委会职能中独立出来，以便更具体有效地合作。

（3）关于指导两国战略合作的规划文件。目前主要有《中哈21世纪合作战略》和《经济合作发展构想》（2006年12月20日）、《非资源经济领域合作规划》（2007年8月）、《中哈经济合作中长期发展规划（至2020年）》（2013年9月）、《关于加强产能与投资合作的框架协议》（2015年8月31日）、《"丝绸之路经济带"建设与"光明之路"新经济政策对接合作规划》（2016年9月2日）。可以说，《中哈21世纪合作战略》是总体指导，后面的协议都是对其具体细化，其中，非资源领域的基础设施和产能合作是当前两国合作的重中之重。

（4）关于各实务领域的政府间合作协议。截至2017年初主要有16项，涉及经济贸易合作、保护投资、反不正当竞争和反垄断、对所得避免双重征税和防止偷漏税、经济技术、海关、商检、银行、汽车运输、过境运输、过境货物、连云港港口、地质和矿产、石油天然气、油气管道、霍尔果斯国际边境合作中心等。相对于全面战略伙伴关系而言，中哈现有的政府间实务领域合作协议不仅覆盖面较窄，主要以经济合作居多（偏重贸易），人文和安全领域较少，而且内容较粗糙，侧重于原则与合作框架，需要细化，更需要实施细则，以便合作协议得到真正落实实施。为进一步深化经贸合作，未来亟须加强的协议内容很多，比如税收、标准、劳务、签证、投资者权益保障、核能、农业等。

（5）关于企业投资的保障机制可继续完善。国际经济危机使得中亚国家融资能力下降，迫使我国与中亚国家的合作内容由以贸易为主转向以投资为主；投资形式由传统的合资合作为主转向股权收购为主；工程承包形式由传统模式向以PPP（国家—私人合作）转化；资源获取形式由单纯的开采销售转向属地深加工。我国企业当前普遍通过自主融资和股权收购等方式参与项目竞争和开发，由于大部分企业不具备长期经营管理的能力或意愿，通常在工程承包交钥匙后便产生投资退出等难题（谁、以什么方式接盘），由此，企业迫切需要有关部门帮助完善投资的安全保障和退出保障机制。

（6）关于对接合作形式宜加强工业园区建设。中国推进"一带一路"过程中，已配套形成经济走廊、互联互通、产能合作、工业园区、融资平台、自由贸易区等多种措施。相比之下，当前与哈的合作以产能和互联互通为主，未来可结合工业园区建设，助推对接合作。工业园区的最大好处是方便"资源集中"，既打造上下游产业链条，推动整个行业发展，还可集合企业力量，与政府谈判获取更多优惠政策，获得更多安全保障。

（7）项目合作意义宜更突出社会属性。考虑到独联体国家已是三权分立的选举体制，官员主要经由选举产生，其关注的经济增长不仅是GDP，更多是财政收入、就业率、通胀率、行业突破等民生关系密切的指标。在计算经济要素合理配置因素和影响时，必须考虑选举因素，宜多从此角度强调合作成果与意义，增加合作伙伴的兴趣。纳扎尔巴耶夫在国情咨文中，也主要强调"丝绸之路经济带"可帮助哈缓解就业压力、实现产业突破、减少进口支出。据哈政府估算，目前产能合作已确定的对接项目可为哈新增2万个岗位，生产电解铝、电动汽车、沥青等以前不能生产的商品或需大量进口的商品等。

◇◇四 合作展望

从中哈领导人讲话、企业活动以及民间期望值看，除基础设施和产能外，未来两国的合作增长点至少有三个方面。

一是农业。当前，中国对哈农产品出口主要是果蔬，粮食极少，每年只有几百吨，进口主要是小麦和甘草。如果实现哈农业部提出的每年对华出口小麦100万吨目标，如果中国在哈投资的农业园区建设顺利，则未来两国农业合作规模有望大幅增加。另外，伴随哈农业现代化改造，中国对哈出口农机产品也有望增加。

尽管农业贸易规模不大，但农业合作意义重大。对哈而言，哈全国约755万居民（约占总人口的42%）生活在农村，其中138万从事农业生产。扩大农产品出口关系哈农业和农村发展、居民就业和减轻国家财政补贴负担等。对中国而言，扩大农产品进口相当于节约国内的水资源和土地。如果依照2016年中国小麦单产量为5327.4公斤/公顷，全生育期耗水量在3750—4500立方米/公顷计算，每进口1万吨小麦，相当于节省 1670 公顷耕地和至少 625 万吨水资源（大约相当于 15 万北京居民一年用水量）。

二是旅游。这是中哈领导人多次强调的合作领域。伴随丝绸之路文化的复兴与繁荣和边境基础设施改善，丝绸之路沿线旅游和边境国际合作区旅游亦逐年升温。未来如果购物、休闲、医疗保健、人文历史、个人自助游等特色旅游发展起来，相关的商贸、餐饮、住宿、交通等由旅游合作带动的行业也有望大幅提升。据国家旅游局统计，2015 年来华旅游的哈公民共计 24.15 万人次（同比减少 30%），其中乘船入境 0.04 万人次，乘飞机 7.35 万人次，乘火车 1.01 万人次，乘汽车 11.96 万人次。这其中，大部分是利用游客身份来新疆购物或商务。来华休闲旅游的人数不多，计 3 万左右，目的地主要是海南。与此同时，据哈国家统计局数据，2011—2015 年，赴哈中国游客数量分别是 12.83 万、15.42 万、20.51 万、22.86 万、11.17 万。其中大部分是新疆、甘肃和宁夏等西北地区的游客，同样以商贸游为主。

为吸引中国游客，哈于 2016 年决定给予中国游客团体签证的便利，并于当年 8 月首接 300 多名游客。哈政府预计此政策加上为繁荣 2017 年阿斯塔纳世博会而出台的若干优惠措施，有望在 2017 年吸引 50 万中国游客赴哈旅游。即使按照人均消费（吃、住、行、游、购）1000 美元计算，也将给哈带来 5 亿美元营业收入。

三是能源。传统能源方面，里海的卡沙甘油田（预计可采储量 13 亿吨）已于 2016 年 10 月恢复生产并投入市场。而一旦进入稳产（初期年产量约 370 万吨），不仅中石油可获益（拥有 8.33% 股份），而且中哈原油管道的油源将获得更高保障，从哈进口原油量有望进一步增加。另外，中广核与哈国家原子能工业公司 2015 年 12 月签署《关于在哈萨克斯坦设计和建设燃料组件制造厂和在哈萨克斯坦共同开发铀矿的商业协议》，双方将在哈建设核燃料组件厂，直接将谢米兹拜伊开采的铀矿加工成燃料组件并供应中国市场。

当前，影响中哈对接合作的主要因素有外部需求不振、交通基础设施瓶颈、资源环境约束、欧亚经济联盟竞争、法律和规则环境有差异、哈国内仍部分存在"反华"情绪等。但与此同时，为落实国家发展战略，哈对我国资金、技术、市场、过境通道、人才培养、执政经验等诸多领域的需求增加。因此，我国在坚持两国战略对接和扩大产能合作的同时，宜关注以下两方面合作。

第一，提升合作档次。将两国战略合作升级为"两个百年梦"和"2050 年战略"对接，即国家未来前途和命运的对接。将"建设强大国家"作为共建命运共同体的内核，发展全方位战略合作。哈支持我国实现繁荣富裕的强国，我国支持哈进入世界前 30 强。

第二，人才培养合作。帮助哈培养国家管理和建设人才，通过培训班、考察团、留学、挂职、社会实践等各种形式，让哈人才了解我国国情，向哈介绍先进实用的理念和技术。

"一带一路"对接"全球海洋支点"
——中印尼合作最新进展与前景

厦门大学南洋研究院经济所所长、教授、博导
蓝迪国际智库专家委员会委员
吴崇伯

2013 年国家主席习近平在访问印尼时提出建设"21 世纪海上丝绸之路"的倡议,此后不久上任的印尼总统佐科·维多多则提出了建设"海洋强国"战略,将打造"全球海上支点"作为政府今后施政的重点,两大战略在加强经贸、投资合作方面有着强烈的战略共鸣。印尼"海洋强国"战略与共建"21 世纪海上丝绸之路"的倡议高度契合,相得益彰,为两国经贸合作的发展提供了广阔的空间。

◇◇一 印尼政治经济发展平稳,为两大战略对接创造必要条件

(一) 印尼经济结构较为健康,但增速开始放缓

相对稳定的投资环境,使得近年来印尼的经济增长一直保持在 5%—

6%的水平，服务业和工业对 GDP 贡献巨大。同时，印尼国内人口年龄结构较为健康，拥有富足的劳动力和巨大的生产潜力。

2011 年以来，印尼经济增速开始放缓。2011 年，GDP 增速 6.5%，为 2008 年国际金融危机以来最高增速。2012—2014 年，GDP 增速逐步放缓。其中，2013 年 GDP 仅增长 5.7%，自 2010 年以来，首次跌破 6%。2014 年因世界经济疲软更导致再降为 5.02%。因全球经济放缓导致商品价格下跌，再加上资本外流的压力，2015 年印尼的经济增长只达 4.7%，比国家预算预期的 5.7%还要低，这也是印尼自 2009 年以来经济增长最缓慢的一年。2015 年以后，印尼政府出台了包括降低企业所得税、放宽外商直接投资限制等一系列措施，同时印尼央行多次降息，旨在改善营商环境、刺激经济，印尼经济增速有望继续保持中高速增长。印尼中央统计局（BPS）报告显示，2016 年印尼经济增长率为 5.02%，比 2015 年略有提高。

从经济总量看，2012 年以来，印尼 GDP 总量略有增加。2012 年，GDP 总量为 8790 亿美元。2014 年，GDP 总额增加至 8904.81 亿美元，人均 3531 美元。2015 年 GDP 为 8956.8 亿美元，亚洲排名第五，世界排名第 16 位。根据现价计算，2016 年 GDP 总量为 12406.8 万亿盾（约 9330 亿美元），人均 GDP 47.96 百万盾（3605 美元）。尽管经济增长主要依靠内需，但印尼主要贸易伙伴国经济发展普遍有所放缓，对印尼出口和经济增长带来一定压力。

（二）印尼盾贬值严重，但金融市场基本稳定

2014 年，印尼盾兑美元汇率贬值 4.4%。12 月 15 日，印尼盾兑美元

汇率跌至 1998 年 8 月以来最低，为 1∶12698，单日跌幅达 1.9%，创 5 个月最大单日跌幅。2015 年 3 月 5 日，印尼盾兑美元汇率进一步跌至 1∶13022，跌破 1∶13000 大关。印尼盾贬值主要是由于美联储加息增加市场对美元需求，加大印尼盾贬值压力，导致外资和热钱从印尼市场流出。印尼盾 2016 年前 10 个月兑美元上涨 3%，成为东南亚表现最佳货币。但从 11 月初起，印尼盾对美元又开始大幅贬值，由于特朗普赢得大选导致美元走强，印尼盾曾在 11 月 9 日跌至两个月低位。12 月 15 日美联储宣布加息 25 个基点后，印尼盾对美元下跌，当日跌幅一度达 1.4%。

但是印尼不太可能陷入金融危机。一方面，印尼外汇储备充足；另一方面，印尼与东亚主要国家双边货币互换协议可确保金融市场稳定。目前，印尼与中日韩等国分别签有 150 亿美元、227.8 亿美元、100 亿美元的双边货币互换协议，能在一定程度上有效应对经济动荡。同时，印尼也可利用清迈倡议多边货币互换机制获得资金保障。

（三）外债结构较为合理，存在一定对外偿付压力

截至 2014 年底，印尼外债总额为 2926 亿美元，同比增加 265 亿美元，增幅 9.9%。其中，长期外债余额 2450 亿美元。在 2450 亿美元中，政府所负担的长期外债 1261 亿美元，占公共外债总额的 97.2%；私营部门负担的长期外债 1189 亿美元，占私营部门外债额的 73%。短期外债约 476 亿美元，占外债总额的 16.3%。从短期债务占外债总额的比重看，债务结构较为合理。不过印尼债务率（外债总额/商品和服务出口）超过 100%，偿债率水平超过 20%，存在一定的对外偿付压力。特别是近年来

印尼私营部门的对外举债增长较快，贷款流向、资金的经济效益以及对印尼宏观经济的可能影响值得关注。截至 2015 年底，印尼外债总额为 3099.87 亿美元，相当于 GDP 的 36.09%，该比例较 2014 年有所上升；其中政府外债占外债总额的比例为 46.02%，占比最近五年呈下降趋势。从外汇储备对外债的保障程度看，截至 2015 年底，印尼外汇储备与外债总额的比为 34.17%，基本可以满足偿还外债的需要。截至 2016 年底，印尼政府负债总额为 2466.9 万亿盾（约 2580.4 亿美元），债务比率约达 27.5%—27.9%，仍处于安全风险水平。随着印尼盾的汇率趋于稳定，2016 年以来印尼外汇储备规模有所回升，增强了对其外债的保障水平。

（四）外汇储备充足，但略有波动

2008 年以来，印尼的外汇储备持续增长。2008 年外汇储备不到 500 亿美元，但至 2011 年时增长到 1036 亿美元。2012 年进一步增加到 1059 亿美元。但 2013 年有所下降，减少至 934 亿美元。2014 年 10 月底，外汇储备再次增加至 1119 亿美元，可维持约 6.6 个月的进口付汇需求，对短期外债的覆盖率超过 200%。根据印尼央行报告，截至 2017 年 1 月底，印尼外汇储备达 1169 亿美元，较 2016 年底增加了 5 亿美元。外汇储备额足于支付全国 8.7 个月的进口所需外汇，或者足于支持 8.4 个月进口及政府偿付外债的需求，这已超过国际通行的须支付 3 个月进口所需外汇的标准。外汇储备增加主要得益于出口增加（尤其是油气出口的外汇收入增加）、外汇银行在印尼央行的定期存款增加、金融市场资金大幅流入，以及印尼政府较好控制了为偿还外债和稳定印尼盾汇率所支付的外汇。

（五）经济增长主要依靠国内消费，对外依赖较小，增长具有较好的稳定性

1998 年亚洲金融危机以后，国内消费促成了经济反弹。2001—2003 年，私人消费支出占到印尼 GDP 的 70% 左右。2004 年开始，该比重降至 60%—70%，2008 年后更是进一步下降。但截至 2015 年末，印尼国内消费占 GDP 的比重十余年来均不低于 50%。2016 年印尼经济增长 5.02%，比 2015 年 4.88% 有所提高，家庭消费仍然是支撑经济增长的主要动力，增长 5.01%，贡献 56.5%。总之，印尼得以成为后金融危机时期东南亚表现最好的经济体之一，持续旺盛的国内消费需求始终起到了举足轻重的作用。此外，政府每年要求企业提高基本工资 10%，也一定程度保证了大众的消费能力。

在政治上，2014 年佐科凭借改革的承诺以及直率、廉洁的政治家名声，在民众的支持下当选总统。佐科当选总统时在国会的势力薄弱，在 560 名国会议员中，支持他的四个政党议员仅有 207 人（36.96%），是国会的少数派。但是在执政两年多后，支持他的政党增至七个，议员人数也增加到 386 人（68.93%），成为国会的多数派。这是因为本来附属于反对党行列的回教建设统一党、民族使命党，以及大党戈尔卡都先后加入了他的阵营。因此，他所提出的法案，都能在国会顺利通过。这也意味着，佐科在国会的势力在短期内已由弱变强。此外，经过两次内阁的重大改组，佐科在很短的时间内已经逐渐地由"弱势总统"变成了"强

势总统"，这是许多政治观察家所没有预料到的。不过，他是否能继续巩固实力，则要看在往后总统任期内的三年，印尼是否能取得政治的稳定与经济的改善。

◇二　"一带一路"对接"全球海洋支点"：中印尼合作取得积极进展

中印尼两国政府积极对接"21世纪海上丝绸之路"倡议和"全球海洋支点"战略，雅加达—万隆高铁等一批重大标志性合作项目逐步落地，基础设施建设、产能、贸易、投资、金融、电子商务等领域互利合作不断推进。中国在保持印尼最大贸易伙伴地位的同时，从第十大跃升为第三大投资来源国，从第三大跃升为第一大游客来源国。

（一）中国企业积极支持印尼发展基建，促进了印尼全国互联互通，也实现了对印尼相关领域的技术转让

中国企业建设的电站发电量占印尼总发电量的1/4。两国共同建设的印尼最长跨海大桥泗水—马都拉大桥便利了爪哇岛和马都拉岛之间的人员往来和物资流通。2015年建成蓄水的印尼第二大水坝加蒂格迪大坝可灌溉9万公顷农田。更重要的是，中国通过在印尼开展的一些高科技合作项目实现了对印尼的技术转让。中国公司在印尼建设的泗马大桥、加蒂格迪大坝等重大项目，帮助印尼提高了基础设施建设的技术和设计能

力。中国公司投资兴建的青山工业园区不仅为印尼工人举办入职前的技能培训，更注重在岗培训，通过师傅带徒弟的方式实现技术转让。根据双方达成的合作协议，在雅加达—万隆高速铁路建设运营过程中，中方承诺将为印尼培训高铁人才并转让相关技术，等等。印尼正在加速苏门答腊和爪哇两大经济走廊的建设，包括横贯苏门答腊岛的高速公路，以及港口、机场和铁道线等基础设施。目前在苏门答腊和爪哇两大经济走廊探讨投资契机的中国企业主要有：熔盛重工集团（化工业）、吉峰农机集团（农机）、葛洲坝集团（水利、建材）、上海建工集团（建筑业）、宁夏恒顺冶炼公司（镍矿、铁矿、煤炭）、重庆博赛矿业集团（矿业）、天津聚龙集团（棕榈油）、黄埔建筑公司（建筑业）、中国东方电气集团（电机、水利）等。

（二）传统产业稳扎稳打，中印尼产能合作不断升温

中国投资的钢铁、水泥、建材、能源、家电、电力等诸多领域，都是印尼急需发展的行业。这些项目和行业的合作，既符合印尼经济发展的方向，带动项目所在地的就业，增加当地税收，也利于中国企业拓展海外市场，实现了互利共赢。

2014 年 10 月，鞍钢在苏门答腊岛占碑省投资 12 亿美元，与印尼国营 Krakatau 钢铁公司合作，兴建占地超过 500 公顷的工业园区，其中包括冶炼厂等项目。冶炼厂于 2016 年建成，年均产能达到 175 万吨，主要用于满足印尼国内市场需求。此外，鞍钢集团将在印尼中苏拉威西省莫罗瓦利建立钢厂，年产能将达到 500 万吨，公司发电的主要原料为燃煤。

除鞍钢外，2014年1月，南钢股份与GGS公司共同在印尼棉兰投资建设钢铁厂，计划钢、铁、材的生产规模在五年内达到100万吨，其中一期计划投资8000万美元，预计三年内达到50万吨的钢、铁、材的生产规模。2015年5月29日，中冶东方工程技术有限公司与青山钢铁签订的印尼瑞浦不锈钢有限公司年产300万吨不锈钢轧钢项目工程设计合同正式生效。青山钢铁在印尼苏拉威西省莫罗瓦利筹建的印尼青山工业园一直备受国内外不锈钢行业的关注，也是中国倡导"一带一路"经济带的重要项目，年产300万吨不锈钢轧钢项目作为青山工业园内重要的一环，计划建设一条1780毫米不锈钢热连轧生产线及其配套公辅设施。

围绕国家"一带一路"发展战略，国内大型水泥企业纷纷推出了在印尼的投资计划，中国建材集团、中材集团等水泥生产企业陆续在印尼投资设立水泥厂，合肥水泥研究设计院、南京凯盛国际工程公司等也积极在印尼承接水泥工程项目。其中，2011年4月底，中国建材集团与印尼Grobo-gan水泥有限公司签署了合作协议书，双方合作兴建印尼中爪哇日产6000吨水泥生产线，总投资额达5亿美元，印尼政府已批准了该项目预制构件和混凝土的产业布局。从2016年4月起，安徽海螺水泥将陆续在印尼新建4家水泥工厂，分别位于南加利曼丹岛、东加利曼丹岛、西加利曼丹岛和西巴布亚岛。项目计划投资23.5亿美元，总年产能将高达1200万吨以上。中国企业成功进军印尼市场，对企业自身而言，将为日后发展成为一个国际化水泥企业打好坚实的基础，也标志着中国水泥企业开始走出国门。

在电力供应方面，中国电建参与不少印尼基础设施建设，先后承建了亚齐燃煤电站、龙湾燃煤电站、公主港燃煤电站、巴厘岛一期燃煤电站等，总装机容量突破千万千瓦，明显缓解了印尼的电力短缺。此外，位于印尼南苏拉威西省吉利普多市 Punagaya 村的塔卡拉燃煤电站项目，装机容量 2×100 兆瓦，由中国能源建设集团葛洲坝集团及印尼当地公司 PT HUTAMA KARYA 组成的联合体签约并组织实施，业主为印尼国家电力公司，合同工期 33 个月；项目于 2015 年 5 月 4 日在印尼总统佐科·维多多视频见证下开工，目前履约进展顺利；项目资金来自于中国进出口银行优惠买方信贷；项目建设为当地民众就业、提高当地税收贡献较大，建成后将极大缓解南苏拉威西省电力紧张局面，为当地经济快速发展提供能源保障。

（三）新兴产业大力开拓，合作新动能不断涌现

小米于 2014 年 8 月进入印尼市场，之后小米手机一直在制订投资计划，拟在印尼兴建手机组装厂。2017 年 2 月初，中国知名手机制造商小米公司宣布，小米已开始在印尼本土生产手机，年产量可达 100 万台，产品主要供应印尼市场，并从 2017 年起小米在印尼销售的手机将实现 100% 本土化。小米的本土生产工厂设在印尼巴淡岛（Batam），跟小米合作推行"印尼制造"计划的是 3 家印尼当地企业。2015 年联想和海尔两家中国手机生产商在印尼兴建手机组装厂。此前，已有两家中国手机生产商欧柏和华为在印尼建设了手机组装厂。小米、联想、华为等在印尼市场的快速崛起，是以手机和互联网为代表的中国新兴产业在印尼市场攻城略地的写照。庞大的年轻人口、潜力巨大的互联网市场及中印尼国情的诸多相似性等，吸引着中国新兴产业在印尼大力拓展。

近年来，随着"网购时代"的到来，跨境电子商务迅猛发展，跨境电商已经成为推动区域贸易发展的一股新力量。东南亚市场目前已经成为包括阿里巴巴、百度、腾讯等知名互联网企业拓展海外市场的据点。阿里巴巴、京东、百度、腾讯等中国互联网企业纷纷进入印尼，与印尼科技创新企业开展形式多样的合作。印尼政府正在不断深化与中国之间的电子商务方面合作，以提高印尼对中国的出口。印尼对中国的出口将通过阿里巴巴网、腾讯网等电子商务平台大幅度提高。如印尼饮食品已通过阿里巴巴网在中国进行推广，产品主要有燕窝、猫屎咖啡、"KUSU-KA 牌饼干"和木薯片、徐图利祖虾饼等。通过阿里巴巴网，印尼产品不仅登陆中国市场，还能延伸至全球消费者。印尼媒体巨头陈明立下属环球媒体公司则与中国最大的互联网综合服务提供商、中国服务用户最多的互联网企业腾讯公司合作，共同在印尼合作发展微信业务，为印尼民众提供优质互联网服务。中国风险投资企业为 Grabtaxi 等知名打车平台提供投融资支持，开拓了中印尼合作新模式。

（四）中国企业密集投资产业园，提高了当地的产业集中度和整体工业化水平，助推印尼经济发展

综合产业园区是开展产能合作，吸引中方企业开展集群式投资的重要载体，是中国企业在海外"走出去"的升级版。通过园区建设可形成完整的上下游产业链和完善的物流生活配套设施，提高政府财政税收收入，为当地提供更多的就业机会，提高基础设施和整体工业化发展水平。近年来，中国企业密集投资印尼产业园区。2015 年，中民投宣布联合 20

多家国内龙头民企投资约 50 亿美元建印尼产业园；2016 年，华夏幸福宣布联合印尼马龙佳集团旗下企业投资建设产业新城区；印尼大型企业力宝集团 2016 年 6 月宣布将与深圳盐田港集团和碧桂园工业园合作，在印尼开发建设印尼—深圳工业园区，投资额约为 145 亿美元。截至 2015 年 12 月，我国企业在印尼正在推进的合作区共计 75 个，其中，通过商务部和财政部确认考核的有 13 个，累计投资 70.5 亿美元，入区企业 1209 家，累计总产值 420.9 亿美元，上缴东道国税费 14.2 亿美元。其中，中国企业在印尼投资形成的广西农垦工业园、青山镍矿和不锈钢工业园区、上海通用五菱工业园区、天津聚龙棕榈油农业园区等，有力地推动了印尼工业化进程和相关产业发展，特别是轻纺、家电、钢铁、建材、化工、汽车、机械、矿产品等重点产业发展和升级，提高了印尼产业的集中度。同时，这些工业园区积极履行社会责任，通过一些惠民项目带动了当地商业的繁荣。例如，青山产业园区对农产品的多元化采购带动了多个地区的畜牧业和渔业发展；园区还协助当地社区修建灌溉水渠，极大方便了当地百姓的生产生活。截至 2016 年 10 月，青山工业园区已投入资金 24.5 亿美元，创造约 1 万个就业岗位。由中资投资的中苏拉威西省莫罗瓦利（Morowali）工业园区是印尼政府优先发展的 14 个工业园之一。莫罗瓦利工业园主要为镍加工与冶炼工业，面积 2000 公顷，将吸引约 60 亿美元的投资额，预计创造 10 万个就业机会。工业园中的产业将为国家和地方经济提供乘数效应，推动政府实现工业化纲领，提高矿物原料附加值，造福当地社会。目前印尼园区有 90 个左右，此外还需要再建设 50 个左右。佐科总统最近宣布了一项新的举措，为方便外国投资者，印尼选定了 14 个工业园区可以直接开工，即在得到开工与许可证之前，可以直接先修建厂房入驻。

（五）作为"一带一路"的重点合作内容，资金融通也是"一带一路"落地印尼的又一突出表现

中国设立了 100 亿美元的中国—东盟基础设施专项贷款、400 亿美元的丝路基金，倡导成立了 1000 亿美元的亚投行，各种开发性、政策性商业银行也纷纷来到印尼，为中印尼基础设施和产业合作提供多样化、极具竞争力的融资选择。2015 年 9 月，中国国家开发银行与印尼三家国有银行签署了总额 30 亿美元的授信协议，中国工商银行（印尼）有限公司向印尼进出口银行提供金额为 5 亿美元的 5 年期运营资金贷款，工银印尼同印尼国家储蓄银行签署总额为 50 亿元人民币贷款合作谅解备忘录。2015 年 8 月以来，中国人民银行分两批采购了 1.5 亿美元的印尼政府债券。

中国银行是最早进入印尼的中资企业，也是中国银行较早在海外设立的分支机构，目前已在雅加达、泗水、棉兰三大主要城市设立 9 个分支机构。近年中行雅加达分行重点支持了印尼国家电力公司、印尼国家石油公司和印尼鹰航等能源、交通运输、基础设施行业，成为支持印尼经济与社会发展不可或缺的重要力量。与此同时，中国银行雅加达分行还成为"走出去"中资企业投资印尼的首选银行合作伙伴，成为印尼最大的人民币现钞供应商，在人民币清算、人民币存款、人民币兑换及掉期保值等金融服务领域有着绝对领先优势，是印尼金融领域人民币金融服务首选银行。

尤其值得一提的是，在中印尼基础设施建设和产业发展合作中，中国国家开发银行发挥了重要作用。自 2006 年进入印尼市场以来，开发银行支持了包括电力、通信、造纸、矿业、农业等基础设施和产业项目。其中，国开行积极推动中国、印尼产能合作和工业园区开发取得成效，支持印尼电站项目 11 个，发放贷款 21 亿美元，总装机容量超过 600 万千瓦，有效缓解印尼电力短缺局面；支持青山集团红土镍矿储量超过 2 亿吨、年产镍铁 90 万吨、不锈钢 200 万吨的工业园区建设，园区建成后将成为全球单体规模最大、产业链最长、技术最新、成本最低的不锈钢生产集群；支持金光集团年产 200 万吨纸浆的 OKI 项目建设，项目建成后将成为全球最大的单线制浆生产线。开发银行还将为雅万高铁提供融资，助力印尼乃至东南亚第一条高铁早日建成。国开行还大力促成了三安光电股份有限公司与印尼最大民营企业金光集团现场签署了销售战略合作协议，助力三安 LED 产品登陆印尼市场。

此外，印尼对于人民币国际化也持积极态度。当前，两国不仅签署了本币互换协议，双边贸易中的 10% 也是以人民币结算的。这在中国对外贸易中属于比较少见的现象，为未来人民币国际化奠定了基础。2016年中印尼两国有关部门将本币互换协议规模扩大至 1300 亿元人民币。

（六）"一带一路"框架下中印尼在文化、教育和旅游方面的合作交流正日益加强，助推两国经济合作不断取得新进展

两国政府已签署两个重要的合作文件：《中印尼高等教育合作协议》和《中印尼高等教育学历互认协议》；校际合作活跃，中印尼已合作建

立 6 所孔子学院和两所孔子课堂，每年培养的学生将近 15000 人；留学生交流成倍增长。目前，中国有近 500 名学生在印尼留学，而印尼有超过 14000 名学生在中国留学；印尼参加"汉考"人数连年增加，2015年达到 11000 多人，2016 年印尼参加 HSK 汉语考试的人数达到 13914人，较上年增长 9.52%，实现了历史新突破。尤其是近年来印尼赴华学生稳步增长，2011—2015 年累计达到 63976 名，其中 2015 年达到12694 名。2016 年，有 14000 多名印尼学生前往中国进行各层次、各学术领域的学习交流，其中有 7000 余人取得了中国的本科、硕士和博士学位。同时，大约有 1000 名中国学生在印度尼西亚学习。今后在中印尼两国政府和社会各界人士的共同努力下，双方的教育交流与合作一定会取得更多的成果。

印尼政府高度重视旅游业对经济发展的促进作用，自 2014 年起，旅游业同基建、海洋、食品、能源一起成为印尼五大优先发展的支柱产业。2016 年，印尼共吸引国际游客 1151.9 万人次，比上一年增长 10.69%。近年来，随着中国与印尼双边关系的不断升温，来印尼旅游的中国游客连年递增，2016 年赴印尼旅游的中国游客达 142.9 万人次，比上一年增长 13.96%，成为印尼第一大旅游客源地，中国赴印尼游客连续 3 年超过100 万人次，年均增长率超过 10%。2016 年，中国游客在印尼人均消费超过 1100 美元，停留期超过 6 天，和前几年相比均有大幅提高。印尼旅游部期望 2017 年能吸引 200 万人次中国游客。为了吸引中国游客，未来印尼除了开通更多两地直飞航班外，还将扩大在中国的宣传推广，并加大与中国旅游业界的合作力度。目前旅游业亦成为印尼政府投资重点，除巴厘岛外，政府将建立 10 个新的旅游目的地，鼓励中国企业在相关行业投资，包括旅游交通、旅游饭店、旅行社相关服务、旅游区的开发建设、主题公园、时尚和购物中心等领域。

◇◇三　两国正在采取进一步措施落实两大战略的对接，中印尼合作展现良好前景

作为世界第四大人口国，同时是东盟最大的成员国，印尼在地区政治事务和经济发展方面有着重要的影响力。印尼的人口、国土面积以及国内生产总值，均占东盟十国的40%以上，庞大的中产阶级，旺盛的内需，以及优越的人口红利，让印尼有着广阔的发展前景。

（一）两国高层领导高度重视成为战略对接的重要推动力

中印尼双方领导人在不到两年时间里先后五次会面，两次通话，贯穿始终的主题就是对接中方"21世纪海上丝绸之路"倡议和印尼"全球海洋支点"战略，深化和拓展各领域务实合作。两国元首就全面对接发展战略、全面推进务实合作达成重要共识。两国分别在政治安全、经贸投资、人文交流领域建立了三个副总理级对话机制；在中国布局"十三五"规划的同时，印尼也提出了2015—2019年中期发展规划，这将为两国经贸合作提供更多机会，对吸引中资企业到印尼投资，对进一步深化双方战略合作伙伴关系具有重要意义。

（二）打开门户，吸引更多海外投资

为吸引国外投资、提振陷入疲态的经济，印度尼西亚政府对经济采取一系列"松绑"措施。总统佐科 2016 年 6 月初签署总统令，宣布放宽包括旅游、电影、交通等近 50 个行业的外商投资限制，以进一步吸引外国投资、提振经济。这是印尼自 2014 年来首次修改其"负面投资清单"，该举措被舆论称为"爆炸式变革"。根据新规，政府将为高速公路、餐饮、电影、冷藏、废物处理、大中型电子商务等行业全面"松绑"，允许外国企业全资进入印尼。在通信服务、会展、卫生保健、机场服务等行业，外资占股上限由之前的 49% 调高至 67%。此外，外国企业若在印尼购物中心内开设面积超过 400 平方米的百货商店，也能持有最多达 67% 的股份。此次放宽限制的行业不少是首次获准外资进入，对于投资者而言不失为良机。分析认为，这是印尼近 10 年来最大的经济开放动作。此外，佐科·维多多上任以来，明显加强了对外招商的力度，在市场准入、财政税收、投资便利化等方面做出了显著的政策调整。佐科内阁自 2015 年 9 月以来陆续公布 14 套经济刺激政策，开放 8 个经济特区和 13 个工业园，简化投资手续和给予税务优惠，等等，吸引更多外资包括中国的资本进入印尼。

（三）量身对华招商，中资投资印尼高潮迭起

2016 年 7 月，印尼投资协调委员会在广州启动了旨在吸引中资的一

系列宣介活动，委员会主席弗兰基·斯巴拉尼与近百位中国企业家积极对接，充分阐述了印尼政府希望中方加大赴印尼投资的意愿和配套推出的"经济刺激政策包"，"这些投资利好政策包括劳动力密集型项目的税收优惠、投资审批期限缩短、负面清单修订、投资服务便利化等，这些政策旨在改善印尼的整体投资环境，更多地吸引中资，以帮助印尼实现各岛屿的跨越式发展"。印尼协调委员会正在全国推行投资一站式服务、对重大投资项目给予三小时的服务、吸引投资"负面清单"、放宽对私人投资者的准入条件、对工业发展提供财税支持等一系列措施，这为中国企业进入印尼创造了良好的环境。为吸引更多的中国企业赴印尼投资，印尼投资协调委员会已设立中国投资服务小组，协助解决中资企业在印尼投资过程中遇到的问题和障碍，这是为中国工商界提供量身定做的服务。此外，印尼投资协调委员会还加强了与各方的沟通协调。首先得到了中国驻印尼使馆的支持，双方讨论中国企业在印尼方面投资可以得到相应的咨询服务和建议；其次在印尼和中国商会形成一个定期的会晤机制；此外和中国银行界保持密切合作关系。这些都是为了保证中国投资商和印尼政府，尤其是投资协调委员会能有一个好的沟通和协调机制。

（四）中印尼两国政府和企业都在积极努力，为两大战略对接以及两国经济合作缔造良好的氛围

首先是印尼方面，政府尽量淡化对中印尼合作不利的负面新闻，如印尼媒体盛传中国公司将大量中国工人带入印尼，剥夺了本地工人的就业机会，对此，印尼政府主动辟谣，佐科总统、卡拉副总统出面进行澄

清。卡拉副总统于 2016 年 12 月 23 日对媒体表示，在印尼的中国籍雇员主要是受聘于印尼迫切需要的基础设施项目，因为印尼本地工人暂时还没有掌握相关技术。据印尼劳工部数据统计，在印尼工作的中国人仅 21271 人，仅占印尼就业总人口 1.29 亿的 0.0165%，这与中方统计的数字基本相符。中国方面，中资企业投资印尼在继续提高产品质量和服务水平的前提下，遵守当地法律法规和风俗习惯，积极融入印尼社会、融入当地，热心公益，履行好社会责任，做优秀的企业公民，为两大战略对接和中印尼互利合作传递正能量。如中国投资的青山工业园区在短短三年内招聘了 1.1 万多名当地工人，不仅为当地创造大量就业岗位，还采用师傅带徒弟的方式为本地员工提供技能培训，企业本地化程度越来越高；华为公司在印尼经营 16 年以来，不仅积极推动印尼 ICT（Information and Communication Technology）行业发展和通信基础设施建设，还直接或间接创造了大量就业机会，目前本地员工占公司总员工的近 90%，带动印尼通信行业相关就业岗位 2 万个。华为公司也非常重视当地人才的培养，在印尼大学、ITS、ITB、UNDIP、Telkom 大学、卡查玛达大学等设立奖学金、提供培训和实习机会、捐赠教学实验室，迄今已累计为印尼培养通信领域人才约 2 万名。聚龙集团与印尼当地民众开展"合作种植"事业，总面积已近 1 万公顷，覆盖周边 40 多个村庄，有 5000 多个家庭、2 万多人从中受益；等等。

总之，"21 世纪海上丝绸之路"与"全球海洋支点"战略高度契合，为深化中印尼双边关系、拓展经贸合作注入了新动力，提供了新平台。在两国政府和企业界的共同努力下，中印尼经贸合作仍然保持着较好发展势头。投资将成最大亮点。印尼已成为中企投资海外十大目的地之一，中国企业对印尼直接投资 2016 年仅次于新加坡和日本，在印尼外资来源国排名中已从 2015 年的第 10 位跃居第 3 位。在 2017 年新确认的 7 个国家级境外经贸合作区中，印尼就有青山集团、广西农垦和天津聚龙 3 家。中企投资了印尼首家生产氧化铝产品最大的公司，投产的水泥产量约占印尼的 1/4，大多数镍铁加工企业也由中国投资。电站、农业、房地产、旅游业、信息技术产业、制造业等正成为中企扩大对印尼投资新的增长点。贸易前景广阔，中国是印尼的第二大出口国和最大进口国，继续保持着印尼第一大贸易伙伴的地位。中印尼合作市场潜力巨大，产品互补性强，在跨境电商、贸易便利化推动下，两国贸易必将获得更大增长空间。

第三部分
中国企业的"一带一路"实践

"一带一路"与法律服务

国浩律师事务所

共建"丝绸之路经济带"和"21 世纪海上丝绸之路",即"一带一路"战略是在中国国家主席习近平倡议下,中国政府主动应对全球形势深刻变化、统筹国际国内两个大局做出的重大战略决策。作为一项伟大的战略构想,"一带一路"战略一经推出即受到沿线国家,乃至全世界的关注。其涉及面之广,影响力之大,可谓史无前例。

◇一 "一带一路"建设的战略意义及成果

"一带一路"贯穿亚欧非大陆,一头是活跃的东亚经济圈,一头是发达的欧洲经济圈,中间广大腹地国家经济发展潜力巨大。"丝绸之路经济带"重点畅通中国经中亚、俄罗斯至欧洲(波罗的海);中国经中亚、西亚至波斯湾、地中海;中国至东南亚、南亚、印度洋。"21 世纪海上丝绸之路"重点方向是从中国沿海港口过南海到印度洋,延伸至欧洲;从中国沿海港口过南海到南太平洋。所涉国家及地区多达 65 个，覆盖约占全球 63% 的 44 亿人口，经济总量约 21 万亿美元，占全球的 29%。而且，由于"一带一路"沿线国家互联互通的基础设施相对落后，目前亟须电站、港口、机场、码头、公路、铁路等基础设施的投资建设，这无疑是中国跨国投资和施工企业海外发展的极好机遇。

2015 年 3 月，为落实并推动"一带一路"战略的实施，国家发改委、外交部和商务部联合发布了《推动共建丝绸之路经济带和 21 世纪海上丝绸之路的愿景与行动》这一纲领性文件，从时代背景、共建原则、框架思路、合作重点、合作机制等方面阐述了"一带一路"的主张与内涵，提出了共建"一带一路"的方向和任务。2015 年 9 月中共中央国务院在其发布的《中共中央国务院关于构建开放型经济新体制的若干意见》中，又进一步提出了"以政策沟通、设施联通、贸易畅通、资金融通、民心相通为主要内容，全方位推进与沿线国家合作，构建利益共同体、命运共同体和责任共同体，深化与沿线国家多层次经贸合作，带动我国沿边、内陆地区发展"的加快实施"一带一路"战略的构想。这一构想充分体现了和平、发展、合作、共赢的时代主题，体现了经济发展、区域合作与全球化的理论创新，体现了中国与有关国家在发展模式、产业战略选择等方面的新型合作方式。其对构建我国开放型经济新体制，形成全方位对外开放新格局，深度融入世界经济体系具有深远和重大意义，同时也表明中国在构建区域经济一体化及国际经济新秩序上又向前迈出了坚实的一步。

2017 年 1 月，中国国家主席习近平在达沃斯出席世界经济论坛 2017 年年会开幕式并发表主旨演讲时指出，"一带一路"倡议提出 3 年多来，已经有 100 多个国家和国际组织积极响应支持，40 多个国家和国际组织同中国签署合作协议，"一带一路"的"朋友圈"正在不断扩大。中国企业对沿线国家投资达到 500 多亿美元，一系列重大项目落地开花，带动了各国经济发展，创造了大量就业机会。"一带一路"倡议来自中国，但成效惠及世界。

相关数据也充分印证了习近平主席的讲话。据中国海关总署统计，2017 年 1 月份中国进出口总值 2.18 万亿元，同比增长 19.6%。其中，出口 1.27 万亿元，增长 15.9%；进口 9112 亿元，增长 25.2%。商务部外贸司负责人表示，1 月份，中国对美国、欧盟、日本等传统市场出口分别增长 17.2%、13.6%、18%；对部分"一带一路"沿线国家出口增长明显，其中对俄罗斯、马来西亚、印度出口分别增长 39.1%、22.8% 和 18.1%。另据商务部 2017 年 1 月份发布的数据，2016 年全年，中国企业对"一带一路"沿线国家直接投资 145.3 亿美元；对外承包工程新签合同额 1260.3 亿美元，占同期中国对外承包工程新签合同额的 51.6%；完成营业额 759.7 亿美元，占同期总额的 47.7%。截至 2016 年底，中国企业在"一带一路"沿线国家建立粗具规模的合作区 56 家，累计投资 185.5 亿美元。

◇二　"一带一路"建设的法律风险

尽管数据令人振奋，但其中隐含的风险也不容小觑，有道是机遇与风险并存。如中国宏芯投资收购爱思强案，爱思强（Axitron）公司成立于 1983 年，是德国半导体设备供应商，因经营困难陷于亏损。2016 年 5 月，中国福建宏芯基金表示有意收购爱思强，并于 7 月底正式发布要约文件，收购金额约 6.7 亿欧元。9 月 8 日，德国经济部批准该收购案。但到了 10 月 24 日，德国政府又突然宣布撤销批准，重启评估程序。而宏芯基金对爱思强的收购要约已于 10 月 21 日结束，并已付清爱思强约 65% 的股份，足以令交易通过。后据《德国商报》（*Handelsblatt*）报道，德国政府撤回中资对爱思强的收购批准源于美国的干预。

凡此种种都昭示着在海外投资、跨境并购等领域还存在着许多不确定的风险，还须面对诸多来自不同政治制度、经济环境、民族宗教，乃至文化习俗等方面的挑战，而要应对这些挑战，最终实现构建"利益共同体、命运共同体和责任共同体"的发展目标，则必须以法治思维来主导"一带一路"战略的实施，做到事先、事中、事后皆有法律保障，进而化风险于无形之中。作为职业法律人，律师自当挺身而出，为"一带一路"建设的顺利实施出谋划策，为中国企业"走出去"保驾护航。

打开"一带一路"线路图，一面是浩瀚大海，一面是苍茫沙漠。自古以来，远航出海，穿越戈壁，步步都是艰辛。如今的东出西进虽不必像往昔那样跋山涉水、劈波斩浪，但也并非马到成功。展开地图，我们可以看到，"一带一路"涉及的国家和地区虽然众多，但大多聚集在经济发展较为迟缓的地区，而且无论从历史上还是现实上看，其国情和法律体系都存在着巨大的差异。就国情而言，它们或因大国的地缘政治而动荡不堪，或因全球主要政治力量的角逐而摇摆不定，或因民族宗教矛盾而冲突不断，当然也不乏政局稳定的新兴经济体；就法律体系而言，它们或为大陆法系，或为英美法系，抑或兼具两者的特点，甚或受制于宗教。由此看来，在共建"一带一路"的过程中，不仅要面临来自政治环境等方面的挑战，还要面对来自不同法律体系的阻碍。因此，在推进实施这一宏伟蓝图时，既要注重化解政治风险，也要注重防范法律风险。而作为法律人的工作重点自然是以防范法律风险为重，同时也肩负着将政治风险法律化的重担。

总结"一带一路"建设过程中中外企业投资并购的经验教训，来自以下几方面的风险特别值得关注。

第一，"一带一路"沿线国家绝大部分是转型中国家和发展中国家，但由于被殖民的历史，这些国家也因此沿袭了发达国家的法律制度。沿袭欧洲大陆国家的属于大陆法系，其中俄罗斯等东欧东亚国家较为特殊，虽然也属于大陆法系国家，但独特的历史导致与其他大陆法国家存在差异；沿袭英国、美国、加拿大、澳大利亚等国家属于普通法系；阿拉伯国家及伊朗属于阿拉伯法系；伊斯兰国家属于伊斯兰法系。除了法律制度本身外，部分沿线国家的法律体系很大程度上还受到宗教影响，但即使拥有同样宗教背景的国家，法律体系也可能差异颇大。例如，同为伊斯兰国家，土耳其由于所处地理位置和早期对西方法律体系的吸收，法律体系不同于其他大多数伊斯兰国家。法律体系的不同将导致出现法律争端时国家之间的处理方式不同，法律的适用性被削弱，从而带来一系列法律风险。

第二，由于法律传统和思维方式不同产生的风险。如作为普通法系国家的印度法律体系与中国就存在着很大差异。例如，根据印度宪法，印度中央议会有权制定适用于全国的法律，印度各邦的立法机构有权制定适用于该邦的法律。对于中央和各邦都有权立法的方面，各邦立法的效力优先于中央议会对于全国的立法。此外，印度法律系统的复杂性还表现为印度中央议会很少撤销法律。即关于同一方面的立法，旧的法律不会明示失效，只有当某些规则和新法律确定的规则出现冲突的时候，才会部分失效，如《1956年公司法》仍然有效，只有与《2013年公司法》冲突的地方才算失效。尤其是劳动法，印度大概有50部左右的中央立法和30部左右的邦级立法，而且一些现今仍然生效的法律甚至可以追溯到20世纪20年代，如《1923年妇女劳动报酬法》和《1926年工会法》。复杂的法律体系，对于外国投资者是一个巨大的挑战。

第三，沿线国家大多还处在发展中，有些国家法律制度并不完善，执法随意性和变化较大，或者通过颁布法律对境外投资者的跨国并购投资设置特别条件和程序予以限制，导致企业的海外投资风险增加。

第四，在争端解决及仲裁裁决执行过程中也存在着风险。有些国家与中国没有司法协助的双边条约或协定；有些国家不是世界贸易组织成员，其有关法律、政策不受世贸组织关于国际贸易仲裁制度的约束；有些国家不是《纽约公约》的缔约国，针对这些国别的投资项目的国际仲裁，即使取得有利于中方的裁决，在获得东道国法院对仲裁裁决的承认和执行方面仍存在重大的不确定性因素；有些国家虽然是《纽约公约》的缔约国，但在执行外国生效判决中也存在障碍，如阿联酋是《纽约公约》的缔约国，但外国判决结果却很难在阿联酋得到执行，一般情况下会被视为不符合执行的要求，要求执行通常会导致再审，外国法院的判决则会被作为专家意见仅供参考。

还有，由于沿线各国经济发展水平及民族、文化、自然环境的差异，还存在知识产权、劳动用工、环境保护、税收、贸易保护方面的法律风险。

如果不充分考虑上述风险因素，具体到项目本身，就会出现一些与目标国政治、法律、文化不相适应的问题，进而产生诸多难以预料的风险。如基于地缘政治产生的政治风险、基于环境保护导致的投资并购战略目标无法达成的风险、基于外资和行业准入致使前期工作前功尽弃的风险、基于目标公司存在潜在缺陷致使项目自始便存在重大隐患的风险、基于目标公司具有反收购能力导致收购失败的风险、基于缺乏投资并购技巧和谈判经验致使对方单方面撤销协议的风险、基于投资并购方式及时间因素导致计划落空的风险，以及基于目标国文化等因素导致企业并购完成后无法顺利整合等方面的风险。

◇◇三　"一带一路"建设的法律服务实践

作为国内最大的法律服务机构之一，国浩律师事务所积极支持"一带一路"战略的实施，专门组建了由优秀律师组成的"一带一路"法律研究与服务中心，先后开展了对巴基斯坦、俄罗斯、印度、阿联酋、印尼、柬埔寨、马来西亚、土耳其、意大利等国投资环境及相关法律法规的调查与研究，并在"一带一路"沿线国家完成了包括印尼阿萨汉水电站投资及 EPC 建设和运营项目、柬埔寨西哈努克电站 EPC 总承包项目、巴基斯坦 CHITRAL 金矿收购项目、孟加拉 BBYN 燃机电站 EPC 总承包项目、土耳其 HEMA 燃煤电厂 EPC 承包项目、越南永昂 Vung Ang 燃煤电厂 EPC 承包项目、蒙古 Oyu Tolgoi SGPP 电站 EPC 总承包项目、俄罗斯哈巴罗夫斯克燃机 EPC 总承包项目、巴基斯坦 K – Electric 电力公司股权收购项目、哈萨克斯坦收购项目、吉尔吉斯斯坦 ZETH 日产 2800 吨水泥生产线投资收购项目等在内的多项重大法律服务项目。

特别值得一提的是，在 2017 年 1 月完成的一项由中国金融期货交易所、上海证券交易所、深圳证券交易所三家中方机构联合中巴投资有限责任公司及巴基斯坦哈比银行成功竞得巴基斯坦证券交易所 40% 股权，其中中方三家交易所持股 30% 的股权收购案中，国浩律师事务所出任中方三家交易所的专项法律顾问，为该项交易的顺利完成提供了强有力的法律支持。这是中国三大交易所首次联合跨国投资收购境外证券交易所股权。此项投资有利于拓宽中巴两国经济金融合作领域，有利于落实"一带一路"战略和中巴经济走廊建设规划，并为中巴两国的传统友谊注入新内容。联合体将在风险可控的前提下，本着平等、合作、互利、共赢的原则，推进完成股权收购后续事宜。

此外，在诉讼法律服务方面，国浩律师也为"一带一路"沿线国家提供了积极帮助，如国浩律师事务所在 2015 年曾代理过一起国际贸易纠纷案件，在该案中，某巴基斯坦企业向中国工厂购买了六批货物，双方约定的价格条款是 FOB，因在 FOB 价格下买方负责派船接运货物，故该巴基斯坦企业指定了一家中国的货代负责订舱。在货物出运后，货代将船东签发的正本提单交付中方工厂，巴基斯坦企业付款并从中方工厂处取得正本提单，方能在目的港提货。按照上述流程，双方正常履行了四批货物，但在第四批货物出运后，工厂负责人的一位朋友指出，前四批货物的提单并不是实际船东签发的提单，持有这样的提单会有很大的贸易风险。其实涉案提单均是由交通部登记备案的无船承运人签发的，出现贸易风险的可能性并不高，但由于中方工厂并不懂海运操作流程，更不懂得在交通部网站上核实提单是否为登记备案的无船承运人所签发，误以为是巴基斯坦企业指示货代给了他们假提单，并因此扣了后两批货物的定金不发货，要求让船东向他们签发真提单后再发货。至此，巴基斯坦企业也不得不在中国对工厂提起诉讼，并最终取得了胜诉。这是一个很典型的因中方工厂不了解海运流程且双方互不信任而导致成诉的案例。

由上述案例我们不难看到，在"一带一路"建设的实施与推进过程中，法律服务起到了保证交易顺利完成和厘清双方责任的重要作用。同时也揭示了法律服务在"一带一路"建设中的广阔前景。但要真正肩负起为"一带一路"这一宏伟战略保驾护航的使命，仅有精湛的法律专业知识还不够，还应深刻领会"五通"即"政策沟通、设施联通、贸易畅通、资金融通、民心相通"的基本内涵，为"一带一路"建设提供优质高效的法律服务。

一是保证政策沟通。积极参与相关政策规划的制定，充分运用专业知识和实践经验为政府决策提供事实依据，同时积极参与区域经贸规则谈判、多双边投资协定谈判，为各类市场主体参与"一带一路"建设争取更加开放透明的国际经贸环境，为促进各国政府间的宏观政策沟通交流出谋划策，提供有针对性、符合实际的专业意见，推进沿线各国经济发展战略充分交流对接。

二是支持设施联通。严守职业规范，严把法律关口。特别是在一些建设条件复杂、资金需求多、法律风险大、协调难度高的基础建设项目上，一定要严格把关，层层设防，杜绝粗枝大叶，敷衍了事。以最细致的工作防范投资风险，以最大的诚意妥善处理合同纠纷，为中外企业提供完善、优质和高效的法律服务，以早日建成通衢四方的连通大道。

三是保障贸易畅通。海关总署公布的数据显示，2016 年，我国与"一带一路"沿线国家和地区贸易保持增长，前 11 个月的贸易额达 8489 亿美元，占同期我国外贸总额的 25.7%。由于"一带一路"沿线国家和地区的法治环境较为复杂，适用法律不规范，容易在国际经贸合作中产生矛盾纠纷，进而使"走出去"的企业、公民面临巨大法律风险。这就需要从事国际贸易的律师，围绕国际货物贸易、服务贸易、知识产权国际保护与国际技术转让、国际税收等领域为中外当事人提供法律服务，以维护他们的合法权益。

四是规范资金融通。"一带一路"沿线多为发展中国家和新兴经济体，相对落后的基础设施建设、能源资源开发、产业发展等都需要大量资金投入，而且这些项目又具有融资风险高、回报周期长、涉及国家和币种多等特点，因而急需谙熟相关专业的法律人士运用法治思维和法治方式，依法创新金融合作模式、打造金融合作平台、畅通投融资渠道，并为相关金融投资机构的建设运营和深化多边金融合作提供法律服务，以防范可能发生的融资风险。

五是促进民心相通。建设"一带一路"的目的是为了繁荣区域经济、构建"利益共同体、命运共同体和责任共同体"，这就要求沿线国家的民众建立起相互信任、相互理解、相互尊重的良好关系。近年来，"一带一路"沿线国家法律服务行业的交流合作日趋增多，互设机构的国家也在增加，相信随着"一带一路"建设的深入推进，沿线各国律师事务所之间的交往将会更加频繁。作为"一带一路"战略倡导国，中国的律师理应更加超前，借助各种交流平台，努力推进沿线国家的交流与合作，将自己锻造成熟练运用外语、精通法律规则、通晓域外文化的高素质涉外法律服务专家。

◇◇四　"一带一路"战略的智库建设

加强"一带一路"战略的政策法规研究及其推广宣传也是推进"一带一路"建设的重要环节。自"一带一路"战略推出以来，包括国浩律师事务所在内的相关政府部门、科研院所、高等学府及法律服务机构纷纷设立专门的研究机构或课题项目，通过举办论坛、召开研讨会等形式，深入开展"一带一路"建设相关问题的研究。其中，由中国社会科学研究院牵头组建的蓝迪国际智库平台最为完善，作为国际化的中国特色新型智库平台，蓝迪国际以共商、共建、共享的理念，努力启迪智慧、点燃梦想、照耀现实。蓝迪国际是一种新型智库平台，要把所有可以利用的资源整合在这个平台上，服务"一带一路"沿线国家的建设与发展。

国浩律师事务所作为蓝迪国际智库的成员单位，积极参与蓝迪组织的各项活动，先后参与或与之共同主办了多场论坛、研讨会，包括：2016"丝绸之路经济带"新疆·克拉玛依论坛、第三届"国浩法治论坛"——"'十三五'规划背景下的'一带一路'建设：法治思维与法律服务"、2015 年中巴经济走廊（新疆·克拉玛依）论坛、中巴企业家国际研修班、"一带一路"中国伊朗合作发展国际研讨会等，并随同出访"一带一路"沿线国家，实地考察当地政治状况及经济环境。

2016 年 1 月 19 日，蓝迪国际在北京发布了首份《"一带一路"相关国家投资法律制度》研究报告。国浩律师事务所作为蓝迪国际智库项目法律服务组主要成员，对报告的形成起到了重要作用。自 2016 年 5 月起，国浩又联合蓝迪国际每日推出《国浩·蓝迪"一带一路"投资与法律资讯》，每周发布《国浩·蓝迪"一带一路"周讯》，以全方位的视角解读"一带一路"宏伟规划。

除此之外，国浩律师事务所还联合北京大学、华东政法大学以及上海国有资本运营研究院等机构通过举办论坛、研讨会，组建国资智库沙龙等形式，为搭建更多、更好的"一带一路"服务平台出谋划策，贡献智慧。

◇◇ 五　结语

古人云："凡益之道，与时偕行。"推进"一带一路"建设，为中国律师事业发展带来了难得的甚至是千载难逢的机遇。作为思想家的朱熹有诗曰："昨夜江边春水生，艨艟巨舰一毛轻。向来枉费推移力，此日中流自在行。"

"一带一路"建设，对中国律师事业的改革与发展而言，无异于如"江边春水"一般。"一带一路"，是我们的修炼之路；"一带一路"，是我们的取经之路；"一带一路"，是我们的成长之路！我们一直在路上。不是口号，重在落实；而今起步，从我做起。

创新"一带一路"服务机制，
打造国际商事调解平台

北京德恒律师事务所

　　"一带一路"建设的倡议，有如中国发明了"指南针"一样，使周边国家看到了榜样，找到了方向，使先发达国家感到了世界经济发展的新的动能转换。"一带一路"建设倡议堪称中国智慧对全球经济治理体系的重构和引领，具有广阔发展前景。德恒主动以共商、共建、共享原则，将自身长期积累的国际化经验和海外资源主动纳入"一带一路"建设中进行系统化思考和立体化布局，使专业服务的发展与"一带一路"建设的发展战略和规划深度对接，创造性地提出了"以服务连接'一带一路'、以平台沟通共商共建"的理念。德恒牵头创建的"一带一路"服务机制发展良好，合作打造的国际商事调解中心平台成功上线运行。在法律与商事服务领域，本着"三共"原则，构建起"一带一路"建设的专业服务全面支撑体系。

◇◇ 一 德恒服务 "一带一路" 建设

伴随中国企业"走出去"的步伐,德恒早在 2004 年就设立了迪拜分所,是自 1949 年以来第一个中国律师事务所在中东设立的分支机构。2016 年,德恒拓展设立中东办公室,面向北非、西亚和海湾六国提供法律服务。现有律师 31 名,能熟练运用英语、阿拉伯语、汉语、西班牙语及法语从事法律服务,可以在全球范围内特别是在迪拜、阿布扎比、沙特、卡塔尔、埃及和北京随时为客户提供国内外法律服务。

(一) 德恒律师从中东迪拜走上 "一带一路"

自成立以来,德恒迪拜与中东办公室的核心业务就是国际项目投融资及国际工程。从 2004 年至今,德恒律所经历了以迪拜为中心、整个中东地区的大规模建设。国际工程业务从迪拜扩展至海湾六国,从阿拉伯半岛扩展至非洲、亚洲、中美洲到南美洲,覆盖了"一带一路"沿线几乎所有国家;项目涵盖 DBB、DB、EPC、BOT 和 BOO 等多种类型。服务范围从尽职调查到项目谈判、签约,延伸到违约索赔直到最后的争议解决。除陆地工程项目外,又拓展至海上工程项目法律服务,包括澳大利亚海域、泰国海域、波斯湾海域的石油钻井平台工程建造项目。在 2004 年,全球目光聚焦欧美发达国家,聚焦"引进来"的法律服务时,德恒律师团队来到迪拜开始做"走出去"的法律业务。看看这份榜单:世界最高层 Khalifa Tower 融资项目、厄瓜多尔水电站 EPC + 融资项目、菲律宾的 WHRBOT 融资项目、赞比亚的 CCFBOO 融资项目、柬埔寨甘再水电站 BOT 融资项目、加纳 BONYEREEPC + 股权项目、哈萨克斯坦 Astana LRT 融资项目、德国 Parchim Airport II 期融资项目、中巴经济走廊第一个落地也是第一个和国际投资机构联合投资项目——卡西姆港 "Port Qasim BOO 燃煤电站 + 煤炭码头" 21 亿美元项目、中国中材国际工程股份有限公司 (Sinoma) 在尼日利亚总投资 16 亿美元建设项目、沙特 SPCC5000 t/d 水泥厂 EPC/交钥匙工程、沙特 RCC2 × 10000 t/d 水泥厂 EPC/交钥匙工程、中国铁路建设工程股份有限公司与老挝政府合作在老挝修建 280 公里铁路项目、哈萨克斯坦首都阿斯塔纳轻轨项目（20 亿美元，两国元首见证项目，哈国最大项目）、蒙古 Buurul jut 煤电联产一体化 BOO 项目（4 × 150 兆瓦，10 亿美元，蒙古 30 年来真正启动的第一个 IPP 项目）、特变电工中亚四国输变电项目（横穿巴基斯坦、吉尔吉斯斯坦、塔吉克斯坦和阿富汗，业主 IFC）、印尼 Kayan 河流域水电站梯级（5 级 BOO）开发第一级 BOO 项目，为这些项目提供法律服务，满足了客户要求，成就了德恒律师。"LEGAL BAND 2015 Guide" 榜单中，贾怀远律师荣膺 "基础设施与项目融资" 专业领域榜单 "第一梯队第一名" 和 2015 年 LEGAL BAND 基础设施与项目融资领域排名第一名。

（二）跨境投资德恒创造标杆工程

德恒跨境投资专业委员会跟着客户走，顺应中国企业海外投资并购发展趋势，在"一带一路"沿线各国的投资收购、项目融资、基金设立等方面也多有建树。持有中国和美国律师资格的陈巍和程博律师牵头，带领余威、董劼、张旭等律师完成了中国半导体行业史上最大的海外并购案。

2017 年 2 月 7 日，北京建广资产管理有限公司（简称"建广资产"）和恩智浦半导体共同宣布，建广资产收购恩智浦半导体旗下的标准产品业务部门正式完成交割，交易金额为 27.5 亿美元（约合 181 亿元人民币）。本项目中，德恒作为并购交易和并购贷款的牵头律所，代表建广资产完成了相关并购和融资工作。卖方恩智浦半导体是一家新近独立的半导体公司，由荷兰飞利浦公司创立。恩智浦半导体的全球标准产品业务主要包括分立器件、逻辑器件及 PowerMOS 等产品，除了设计部门，该交易还包括恩智浦位于英国和德国的两座晶圆制造工厂，位于中国、马来西亚、菲律宾的三座封测厂，位于荷兰的恩智浦工业技术设备中心及标准产品业务的全部相关专利和技术储备，涉及约 1.1 万名员工。为完成本次交易，上述原恩智浦子公司和业务部门已从原 NXP 集团完成剥离，并整合形成一个独立的业务集团，由 Nexperia 公司持有。双方通过转让 Nexperia 公司的 100% 股权方式完成本次交易。

德恒作为本次并购交易融资项目的牵头律所，为向本次交易提供贷款资金支持，中国境内两家商业银行及一家境外银行组成银团，为本交易买方提供并购银团贷款，用于支付本项目交易对价及其他相关费用。德恒代表建广资产完成了本项目银团贷款相关法律工作。本次银团贷款项目为典型的国际并购贷款项目，融资结构以及融资文件的文本均遵循了国际并购贷款的市场要求与惯例。本项目的贷款协议以英国贷款市场协会（LMA）的标准定期银团贷款协议为蓝本，各方在此基础上进行反复谈判和修订。本项目同时还涉及诸多境外法域的股权和资产抵质押担保、我国跨境担保外汇管理、与数十个法域的交割的衔接和配合等复杂问题。

德恒作为本次国际并购银团贷款项目的牵头律所，创下了国内律所主导和牵头跨境并购银团贷款项目的行业先例之一。德恒代表建广资产完成了以 LMA 标准协议为蓝本的定期银团贷款协议的谈判和修订，协调指导多法域律师完成境外股权和资产抵质押担保文件的谈判和修订，并协助推进本次贷款项目与并购交易数十个法域的剥离和交割程序的相互衔接和配合，为德恒在国际并购银团贷款领域的又一标杆项目。

（三）"一带一路"跨境投资成果丰硕

"一带一路"建设催生了一些大型跨境综合性项目，投资主体既有央企，也有私企。投资涉及半导体、互联网、医疗器械、矿业、汽车等行业。投资国家既有发达的美国、德国，又有土耳其、巴基斯坦、俄罗斯、吉尔吉斯斯坦、加纳、印度等"一带一路"国家和地区。中国公司从美国退市收购交易仍然活跃，年内德恒已完成公布或交割了三个项目，居全国同行业前列。德恒律师已经站到牵头地位，参与全程法律服务，不仅是中国相关法律服务，同时包括项目架构设计、海外交易文件草拟和谈判、海外政府审批等。全球化的经济在一单医疗器械投资并购项目上表现尤为明显。德恒为建投投资和三诺收购拜耳的医疗仪器提供法律服务。这一交易是业内专家认为非常复杂的交易，涉及 44 个国家，资产、上市公司等交易结构涉及复杂的法律问题。"一带一路"已经与全球化的经济格局紧密镶嵌密不可分了。

（四）为跨境融资提供开发性金融法律支持

德恒为国家开发银行 8 个分行（至今已为开行总行及 20 个分行提供服务）、进出口银行、工商银行、交通银行、中国银行等的 22 个项目的融资提供法律支持。其中，国家开发银行与俄方多家金融机构和企业签署的合作协议，由国家主席习近平和俄罗斯总统普京见证。德恒为央企和上市公司等设立 8 个海外基金，其中包括为国家级基金汉德基金提供法律支持与服务。

（五）"一带一路"国家项目也拉动了地方产能国际合作的积极性

德恒支持国开行云南省分行"老挝甘蒙省东泰矿区钾盐卡才加工一期项目（一二阶段）"；为昆药集团对北京华方科泰医药科技有限公司在坦桑尼亚和肯尼亚子公司进行尽职调查，并为昆药集团收购昆明贝克诺顿股权提供法律服务；为重庆金镏禹汇实业有限公司在缅甸设立公司提供法律服务；为昆明航空飞机租赁事宜提供法律服务；作为巴哈马破产案的总法律顾问，为客户提供法律咨询。

（六）为国分忧、为企解困，勇当"反倾销"应诉旗手

2012 年 7 月 24 日，欧洲光伏制造商向欧盟提起对华"反倾销"调查

申请。由于欧盟市场的重要性，中国光伏企业感受到了前所未有的危机。2012 年 8 月 13 日，商务部紧急召见英利、尚德、天合以及阿特斯等中国光伏企业入京，共商对策。德恒临危受命，为此次争端提供全程法律支持，协力抗辩。2013 年 7 月 27 日，欧盟委员会贸易委员德古赫特宣布，经过谈判，中国与欧盟就光伏贸易争端已达成"友好"解决方案（价格承诺），这一谈判结果对于中欧双方意义重大。德恒支持的这场"完胜"，为中国光伏玻璃产业今后在欧盟市场的发展扫清了障碍，为打开欧盟市场提供了极大助力，更为今后中国企业出口欧盟市场应诉欧盟反倾销调查提供了一个经典案例。

2015 年 8 月 14 日，应联盟内部申请人企业的申请，欧盟委员会决定对中国出口的陶瓷泡沫过滤器发起反倾销调查。圣泉集团及其下属子公司济南圣泉倍进陶瓷过滤器有限公司作为国内唯一应诉出口商，联合国外两家子公司圣泉德国和圣泉波兰应诉欧盟委员会的调查。德恒作为此次纠纷的应诉律所，全程提供了各项法律支持，由于应对措施得力，案件进行至近 6 个月之时，欧盟申请人撤销申请。通常情况下，欧盟反倾销调查的完整程序需要经历至少 15 个月甚至更长，其间应诉企业需要投入大量的人力、物力和财力，这对应诉企业无疑是一项巨大的负担。圣泉集团在德恒的鼎力支持下，用了不到 6 个月的时间，干净利索地打赢了这场反倾销歼灭战，实属空前。

◇◇二 首创"一带一路"服务机制服务平台

法律服务如何与"一带一路"互联互通对标，如何能使"政策沟通、道路联通、贸易畅通、资金融通、民心相通"落在实处？没有现成的经验可供参考，需要我们边走边干边想边创。从法律服务角度考虑，"走出去"要知道信息、政策、法律、标准、风土人情和风险评估。单靠一个行业一个单位是绝不能完成这些职能的。在"一带一路"沿线还有些国家和地区仍有炮火硝烟，政治生态不稳定，经济体系极为薄弱，金融信用较低，市场风险很大，很多公司机构也缺乏有效的风险管理与应对能力，迫切需要一个能够提供综合性专业服务的支撑体系。

德恒创始人王丽博士 2015 年在接受媒体采访时提出，"一带一路"建设应建立有效的纠纷解决机制。经过对相关客户和商会协会及律所的调研，她提出建立一个有商会协会、中介服务机构和企业参与的综合性专业服务平台的设想。这个设想得到一些商会、协会和服务机构与企业的支持，但是大家不愿意承担股东与董事之类的责任。经过与国内外同行再三论证，方案定位为"联盟"平台。德恒与中国五矿化工进出口商会、中国产业海外发展协会、中国开发性金融促进会、中国民营经济国际合作商会及意大利 CBA 律师所、奥地利 Wolf Theiss 律师所、哈萨克斯坦国际商会等机构发起"一带一路"服务机制（The Belt and Road Service Connections，BNRSC），作为国际服务资源整合平台，联合海内外咨询、法律、会计、金融、科技、企业、商会和政府机构，集中优势资源，协助中国和沿线国家的企业在"一带一路"经济区域投资、合作、创办实业、并购、融资过程中，评估投资环境和识别投资风险，提出应对策略、提供专业的系统服务。通过法律咨询、项目推介和服务与争端解决等方式，为"一带一路"建设提供强大的专业支持，这是一种以多层次资源配置为核心的市场专业服务机制。

2016 年 5 月 29 日，"一带一路"服务机制第一次全球会员大会在北京召开，选举产生机制主席王丽女士，中国共同主席陈锋先生，意大利共同主席伯尼索尼先生，调解委员会主席沈四宝先生，秘书长李嘉慧女士，主席助理贾辉先生。同日，"一带一路"综合服务机制高峰论坛（2016）在京召开，与会嘉宾就"一带一路"综合服务、国际商事调解、国际产能合作等议题展开讨论。

服务机制现有会员单位 102 家，参与组织了包括"丝绸之路经济带"新疆·克拉玛依论坛（2016）"园区建设"分论坛、"'一带一路'综合服务机制高峰论坛"在内的各类高级别国际交流活动 95 场次，牵头推介各类国际项目 242 个，与国际组织签订合作协议 9 份。"一带一路"服务机制的任务如下。

第一，对接"一带一路"中六大经济走廊，关注这些国家投资需求和项目。中国企业加入服务机制后，将会及时获得项目信息，参加系统性的培训和能力建设，加入国家投融资体系，多机制协同出海，更好地促进项目的成型、落地，保证资产的安全与增值。

第二，助力中国企业抓住国际产能合作与国际贸易的机遇，参与全球产业链和供应链的重构。通过需求对接促成产能国际合作，将国内的资本、技术和能力带到全球，融入更大的全球合作及贸易市场，发现新的经济增长点和形成新的增长点，加速自身的产业升级，增强企业竞争力，促进资源的合理分布，提升全球化进程。为中国企业发展产生不竭的动力。"一带一路"服务机制将通过法律政策、产业标准、信息沟通、投融资保障、能力建设等服务为中国企业"走出去"提供必要的支持，为中国企业实行有效和成功的国际产能合作提供重要保障。

第三，整合国际资源，集中优势服务能力。服务机制参加成员众多，涉及多行业、多领域、多国家、多机构。机制将通过联合海内外咨询、法律、会计、金融、科技、企业、商会和政府机构，集中优势资源和服务能力，协助中国企业在"走出去"相关的投资、合作、创办实业、并购、重组、融资过程中，评估投资环境和识别投资风险，提出应对策略，提供专业的系统服务。

第四，获得目标项目，促进会员资源对接。在服务机制中，企业是受益主体，享受平台内各主体为企业各尽其能，互通信息，通力合作，实现企业安全、高效地"走出去"。不同国家及会员将在机制平台上进行投资、并购等项目的信息分享。企业可以通过机制的平台筛选符合条件的境外项目进行有效投资，并通过机制获取项目国的资源，包括但不限于土地、产业园、政策、资产、金融支持等。

第五，采用定点方式，提供针对服务。服务机制将根据中国企业的特点和国际市场形势，通过会员单位的联动，采用多边与双边机制或一对一定点方式，整合各方面资源，从以下方面服务中国企业"走出去"：研究提供相关政治、经济及法律方面的研究报告和风险评估报告；提供项目信息和资源对接；组织项目考察与落实；提供定向定制专业培训；对项目提供尽职调查资料；对项目进行技术与交易结构设计评估；建立风险防控机制；建设网站和联络机制等（见图1）。

第六，利用专业服务，提供系统支持。服务机制中有法律、财务、咨询等覆盖全球、高效可靠的专业机构。在中国企业"走出去"过程中，这些专业机构可以设计事前积极防范、事中严密控制、事后有效救济的

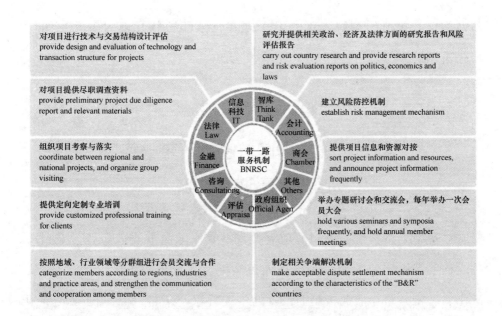

图1　"一带一路"服务机制对企业"走出去"过程中风险和问题提供
针对性的服务解决方案

风险防控体系，提供一站式包含国际法律、审计、评估、财务、税务顾问及公共机构等综合专业服务，为中国企业安全、高效达到投资并购目的保驾护航。

第七，实行强制调解，简化争端解决。"一带一路"服务机制平台推动制定了各成员共同认可的调解规则并成立了"一带一路"商事调解中心。在机制内各项目中产生的任何争议或分歧，均应先行提交"一带一路"商事调解中心，并按其当时所实行的调解规则调解。如调解员放弃调解或调解后有关争议或歧见仍未解决时，则争议方应将该争议或歧见告知"一带一路"服务机制，并退出"一带一路"服务机制。退出后，有关争议或歧见可按其他仲裁规则或诉讼程序解决。以和谐为核心价值的调解，正是以中国式哲学和智慧开创的多元化纠纷解决机制。

◇◇三　建立中国首家"一带一路"
国际商事调解中心

"一带一路"服务机制的建立尤其是其国际商事调解委员会受到司法改革主管机构的关注。在最高人民法院、北京市委市政府的支持下，依托"一带一路"服务机制而设立的中国首家"一带一路"国际商事调解中心——"北京融商'一带一路'法律与商事服务中心暨'一带一路'国际商事调解中心"于 2016 年 10 月 14 日正式成立，18 日其在线调解系统挂牌上线运行。最高人民法院、司法部、中国法律援助基金会、北京市司法局等单位出席挂牌仪式。中央电视台、央广网、法制网、中国经济网等媒体报道，国务院新闻办公室网站转载。

最高人民法院下发通知（法改〔2016〕36 号），确定北京融商"一带一路"法律与商事服务中心为多元化纠纷解决机制改革项目子课题单位，参与司改办组织的调研、试点和改革探索，完善"一带一路"服务机制，为建立健全我国多元化纠纷解决机制做出应有贡献。

北京融商"一带一路"法律与商事服务中心是经北京市法学会批准，在北京市民政局批准登记注册的社会组织。王丽担任主任并任课题组组长。课题组成立后对各大国内外商会、协会、司法部门、法院、多元调解组织和法律服务机构进行了调研，对"一带一路"国际商事调解、在线实施与司法诉调对接进行深入研究。

2016 年 12 月 9 日，北京政法委、北京市高级人民法院举行北京法院诉调对接座谈会，向"一带一路"国际商事调解中心授予北京多元调解发展促进会会员。2016 年 12 月 22 日至 25 日，来自全球的 55 名法律与商务资深人士参加了调解中心和促进会组织的培训，获得中心调解员资格证书与北京法院培训认证。

2016 年 12 月 27 日，北京市第四中级人民法院与北京融商"一带一路"法律与商事服务中心暨"一带一路"国际商事调解中心签署合作协议，就案件委托、案件管理等方面进行诉调对接。调解中心将与课题组各方共同探索，依据《"一带一路"国际商事调解中心调解规则》，本着独立、公正、自愿、高效、节俭、保密的原则，协助涉及争议的相关方，通过线下和线上调解等方式解决包括但不限于"一带一路"相关的国际商事纠纷。中心调解员依据《"一带一路"国际商事调解中心调解员行为规范》独立、公正地履行职责。任何国际投资贸易合同可约定：如产生纠纷首先提交"一带一路"国际商事调解中心调解解决。

"一带一路"国际商事调解中心的建立将会在"一带一路"建设中发挥纠纷解决的积极作用，为中国参加全球治理的法律实践探索一条新路。中心的调解规则也契合了联合国贸法会的调解原则。商事调解是吸收中国传统调解文化、借鉴现代调解经验、解决国际商事纠纷的"中国方案"，对于有效解决"一带一路"建设过程中可能发生的各类商事纠纷将发挥重要作用。

◇◇四 蓝迪国际智库为"一带一路"服务机制提供平台支持

中国社科院蓝迪国际智库在"一带一路"建设中，起到了与"一带一路"国家各层次的人民民心相通的重要作用，蓝迪国际智库的很多企业成员都是"一带一路"服务机制的服务对象，为服务机制的发展提供了宝贵的平台和资源。德恒与"一带一路"服务机制成员组织参加了近百场论坛和研讨会并发表演讲。

第一，服务机制支持蓝迪智库活动，共享平台资源。蓝迪邀请多位机制成员成为智库专家。王丽博士受蓝迪委托于 2015 年 12 月率团访问巴基斯坦，获得参议院议会主席拉巴尼会见，在旁遮普省和信德省访问取得重要成果。签署中国特别经济园区等合作备忘录。

第二，2016 年江阴论坛——中国哈萨克斯坦企业国际合作启动研讨培训会邀请德恒律师事务所多位代表出席并进行演讲。探索围绕重点项目的合作需求和对接模式，讨论中哈投融资合作模式以及中哈合作的具体实施方案等。此次中国—哈萨克斯坦合作发展国际研讨会研讨了中国"一带一路"战略与哈萨克斯坦"光明之路"经济政策的意义与对接方式，并启动和对接了一大批中哈企业合作项目，推动了两国务实合作。

第三，代表蓝迪国际智库平台出访哈萨克斯坦参加博鳌亚洲论坛并做演讲。蓝迪国际智库专家委员会专家、"一带一路"服务机制主席主任王丽博士代表蓝迪国际智库于 2016 年 5 月 24 日至 26 日出席在哈萨克斯坦首都阿斯塔纳召开的博鳌亚洲论坛能源资源与可持续发展会议暨丝绸之路国家论坛，并在亚欧产能合作分论坛中发表演讲。结合蓝迪平台的项目对接、产业园区等重点问题与哈萨克斯坦有关部委、商协会、企业负责人会面，落实和推动蓝迪国际智库平台上的中哈合作与产业对接。

第四，2016 年 8 月德恒所与"一带一路"服务机制参与筹备新疆·克拉玛依论坛，承办"一带一路"中国—哈萨克斯坦合作发展国际研讨会"丝绸之路经济带"新疆·克拉玛依论坛"园区建设"分论坛。园区建设分论坛吸引了来自巴基斯坦、伊朗、哈萨克斯坦、吉尔吉斯斯坦以及国内的园区、企业及服务机构的 150 余位代表参加，围绕园区建设中的政策、法律、标准、服务、投融资、平台、创新等各个主题，展开了充分交流与探讨。苏州工业园、沈北新区、瓜达尔自由贸易区、西咸新区、青岛经贸合作园区、巴基斯坦国家科技园、巴基斯坦信德省和旁遮普省工业园、伊朗马库自由贸易区、吉尔吉斯斯坦比什凯克自由经济区做了推介。德恒律所、中金公司、国家认证认监委、国信招标、平安财产保险、中标国信创新发展研究院、中煤科工、浪潮集团的专业人士，从法律、金融、招投标、保险、标准、技术、智慧化等各个层面为园区建设提出专业意见，集思广益，旨在建设高水平跨境产业合作区，打造园区 2.0，并最终形成围绕"一带一路"园区建设的高端综合服务平台——"一带一路"服务机制。全国人大常委会委员、外事委员会副主任委员、蓝迪国际智库专家委员会主席赵白鸽博士为园区建设总结了前期存在的问题以及问题解决路径，提出了蓝迪国际智库项目 2017 年在园区建设领域的任务是建立以园区为载体的"一带一路"全球联盟平台，通过平台的连通真正实现法律标准先行、政策与公共关系引导、管理机制、技术等全方位的互联互通。"园区建设"分论坛会议成果丰硕，共签署了四项合作谅解备忘录或协议。论坛组委会和克拉玛依市政府向德恒律师事务所发来感谢信。

"长风破浪会有时，直挂云帆济沧海。""一带一路"服务机制需要"一带一路"上的投资人和"走出去"的中国公司、走到中国的外国公司本着自愿协商、平等互利、诚实信用的原则，防范法律风险，用最和平的方式，调解解决遇到的法律问题。有国家战略的支持、有蓝迪国际智库的助力、有各成员机构的热切期盼，"一带一路"服务机制从落地发芽到生根开花，已经逐步成长为一个为"一带一路"服务的高端综合实践平台。我们真诚地希望能够帮助您获得商机，避免损失，永远做朋友。因为我们谨记：创新没有终点，服务永远在路上，"一带一路"服务机制已经并将继续"为国尽力，为企服务"的伟大实践，让中国智慧在"一带一路"上闪耀！

积极响应"一带一路"战略，
强化国际科技服务合作

启迪控股股份有限公司

启迪控股成立于 2000 年 7 月，其前身是成立于 1994 年 8 月的清华科技园发展中心。启迪控股是一家依托清华大学设立的综合性大型企业，是清华科技园开发建设与运营管理单位，是首批国家现代服务业示范单位。公司控参股上市及非上市企业 500 多家，总资产超过 1000 亿元人民币。

经过 20 多年的发展与探索，启迪控股已经形成"科技园区、科技实业、科技金融"三位一体、相互协同的业务格局，成功构建起以 140 多个孵化器、科技园、科技城为载体的全球创新服务网络，辐射网络覆盖中国香港、美国、韩国、俄罗斯、巴基斯坦等国内外 50 多个城市及地区，成为中国创新体系中的一支生力军。

◇◇一 科技服务行业发展趋势研判

科技服务业不同于传统行业概念，是"科技＋服务"的概念，而各行各业都会跟科技相关联。因其内涵非常丰富，同时随着国家政策红利推动，加之科技对各行各业影响力的提升，我们认为科技服务业到了一个爆发窗口，必将迎来一个大跨越发展，其潜在趋势体现在以下几方面。

（1）政策环境。行业标准及内涵得到界定，产业内涵将得到权威部门界定，甚至会纳入常用统计口径，利用社会认可和可持续发展，相关法律法规，优惠政策也将得到落实。

（2）产业规模。随着科技在经济发展中的作用越来越显著，其相关的行业体量也将快速增加。

（3）行业巨头。随着业内企业的专业化能力提升和资源的整合积聚，科技服务业将逐渐出现拥有核心竞争力和知名品牌的行业巨头。

（4）人才吸附。随着行业的体量及经济效益的提升，自然将吸引越来越多高素质的人才加入行业，从事相关领域工作。

（5）企业分层。随着产业链、价值链的逐步清晰，企业将细化分工，将出现高端、低端业态并存，各取所需，协同发展的态势。

（6）发展模式。随着全球化和互联网化进程，科技服务业作为一个泛领域行业，将呈现出全球化、网络化和平台化趋势，平台型、全球性企业将占据产业发展制高点。

◇◇二 启迪控股发展战略

（1）战略定位。以科技园区、科技实业、科技金融三位一体的集群式创新模式为特点的全链条科技服务提供商，打造全球最大的创新创业生态系统，平台化运作。

（2）发展理念。集群式创新，平台化运作，空间有形，梦想无限，通过跨界整合，逐步构建创新创业生态系统，占领产业链的制高点，并走可持续发展之路。

（3）核心产品。以孵化器、科技园、科技新城为主要形态的创新创业发展空间开发建设、企业孵化、运营管理和配套服务；通过科技实业导入环保新能源、数字经济、大健康、文化体育、教育等相关产业的提供商，通过科技金融提供科技创新领域的资金融通服务。

（4）战略方向。公司未来总体战略方向是借助启迪22年的科技服务经验和品牌积累，以科技园区、科技实业、科技金融三位一体的集群式发展模式，打造创新创业生态圈，提供科技服务的集成解决方案，努力成为地方区域经济转型、产业升级的驱动者和创新创业生态建设的培育者。

◇◇三　启迪控股"一带一路"发展愿景

（一）战略举措

（1）提升业务战略地位。把"一带一路"业务合作作为启迪控股国际业务战略的核心组成部分，将启迪的"一带一路"业务战略与中国的"一带一路"战略尤其是与"一带一路"科技合作战略密切对接。

（2）扩大业务布局范围。加大对具有发展条件与价值的"一带一路"

国家科技投入和业务布局,增加在"一带一路"国家的科技服务合作节点,扩大启迪控股"一带一路"战略的辐射范围和影响力。

(3)深化业务合作领域。以科技园区合作为引擎,以科技产业合作为支撑,以科技金融合作为纽带,推动启迪控股在"一带一路"沿线开展全业务领域合作。

(二)战略目标

(1)打造启迪"一带一路"国际创新走廊。国家"一带一路"规划提出"加强科技合作,共建联合实验室(研究中心)、国际技术转移中心、海上合作中心……积极开拓和推进与沿线国家在青年就业、创业培训、职业技能开发等共同关心领域的务实合作",明确将科技创新创业合作作为其重点内容。启迪控股将以科技部、外交部等国家部委的科技合作战略为导向,推动孵化器、科技园区、科技城等科技创新载体在具备发展条件的"一带一路"国家进行布局,努力扩充既有的"一带一路"合作节点,增强科技创新基地群的密度和辐射带动效应,构建与国家"一带一路"战略覆盖范围相吻合的、切合当地发展实际的、具有启迪特色的"一带一路"国际创新走廊。

(2)推动启迪科技产品全面"走出去"。国家"一带一路"规划提出"推动新兴产业合作,按照优势互补、互利共赢的原则,促进沿线国家加强在新一代信息技术、生物、新能源、新材料等新兴产业领域的深入合作,推动建立创业投资合作机制"。启迪控股将发挥自身产业优势,依托已建立起的国际科技创新基地群和科技服务网络,强化与合作区域政府、大型企业等机构合作，通过科技产品运用与代理、技术和服务输出、生产基地共建等方式，推动环保新能源、数字信息、大健康、教育培训等板块的科技龙头企业，如启迪桑德、清华阳光、亚都环保、世纪互联、启迪国信灵通、启迪古汉、启迪教育等产品、技术和服务输出至"一带一路"沿线国家，力争成为我国在"一带一路"沿线开展科技产业合作的典范。

（3）以科技金融支撑合作区域发展。探索与我国金融机构、大型企业，以及合作区域政府、大型企业、科研院校等单位成立"一带一路"科技园区开发基金和科技产业投资基金，重点支持"一带一路"科技园建设和合作区域相关科技产业的融资，通过跨国投资并购，增强科技产业发展实力和辐射范围，提升启迪控股对合作区域的科技服务能力。依托启迪控股在科技金融领域的经验和资源优势，为科技创新载体入驻企业提供全生命周期的融资服务，推动合作区域产业发展和创新能力提升。

◇◇四 启迪控股"一带一路"业务合作现状与总结

（一）业务合作现状

启迪控股的国际科技服务合作主要呈现出以下三个特征：

（1）以"基地＋平台＋服务"模式构建国际科技服务网络。启迪控股积极响应国家"一带一路"愿景与行动号召，创新发展模式，以"基地＋平台＋服务"模式，将20余年的科技园发展运营的成熟经验，成功运用到俄罗斯、埃及、巴基斯坦、马来西亚、泰国等多个国家的科技园规划建设与运营管理、科技产业发展、科技服务平台搭建等创新创业相关领域，成为中国科技服务输出的先锋企业和旗帜企业。

（2）围绕科技创新载体建设提供规划咨询、运营管理等全方位服务。依托启迪在科技园、科技城规划设计、建设及运营管理方面积累的 20 多年经验，为"一带一路"沿线国家提供从规划设计、产业定位、运营管理到融资招商的全产业链服务。比如，启迪承担马来西亚宏愿谷科技园（MVV SP）的战略规划任务，重点围绕马来西亚宏愿谷如何对接中国"一带一路"战略，如何确定宏愿谷科技园总体目标、产业发展定位，如何搭建创新体系等事关科技园运营发展的关键问题展开咨询服务。

（3）以投资并购、产品和技术合作等方式推动科技产业国际合作。启迪的战略构想是完成百亿级的跨国并购，比如同像霍尼韦尔（世界500强）这种代表新经济的企业积极洽谈，拟在城市及产业数字化升级、节能环保、技术孵化加速等领域开展合作，为启迪跻身世界级的企业打下坚实基础。产品和技术合作方面，启迪旗下启迪桑德、清华阳光、亚都环保等一批科技实业公司随着孵化器、科技园等创新基地"国际化"加速推进，积极实施"走出去"战略，与"一带一路"沿线国家积极洽谈，在垃圾和水处理、太阳能发电、空气净化器等领域应用其产品和技术，提高科技载体整体的科技含量和经济效益。

（二）面临的问题

虽然启迪控股在开展国际科技服务合作过程中取得了可观的成绩，

但同时也面临着一些问题或制约，主要可归纳为以下三个方面。

首先，政府对国际科技服务合作缺乏系统顶层规划，支持力度还不够。由于"一带一路"沿线国家经济发展水平大多相对较低，以承接产能输出、生产加工为核心功能的产业园在发展过程当中备受关注，因此现有的很多相关扶持政策还主要集中在产业园。同时，以往沿"一带一路"地区实施"走出去"战略的主要是能源和建筑领域的大型央企，政府对其支持力度也很大。而在科技服务领域，像启迪控股这类的混合所有制企业，缺乏政府足够的支持。

其次，地区文化习俗、空间距离、行政管理、法律法规等方面的差异，往往会制约项目的推进效率与效果。"一带一路"沿线拥有多个不同民族、不同生活习性、不同宗教信仰的国家，这些国家在生活习性、时间观念、处事态度、办事方式与效率、法律法规等方面与中国存在较大差异。受这些因素的影响，启迪控股的国际科技服务合作项目在推进过程中往往面临行政审批手续多、审批周期长、合作方决策时间久、合作方未按时履行相关内容等一系列问题，这也就导致许多项目未能如期进行，未能达到预期效果。

再次，国际拓展与管理人才还比较缺乏，影响了国际科技服务合作进展。国际化人才是开展国际合作的先决条件。在"一带一路"国际科技服务合作过程中，启迪控股不仅需要熟悉当地环境、法律甚至在当地工作过的员工，而且还要求员工在科技园运营管理、跨国企业并购重组、科技产品的营销拓展等领域拥有工作及管理经验。随着国际业务不断扩大，启迪控股对这类拥有综合能力的国际人才的需求量也逐年增加，但事实上，这类的人才培养及供给难以有效满足相应需求，进而制约了

"一带一路"业务战略实施及相关项目深入推进。

（三）取得的经验

经过多年的探索与总结，启迪控股在推进"一带一路"科技服务合作中积累了丰富经验，以下重点谈三点。

首先，针对"一带一路"沿线国家的差异与特色，探索制定一系列科技服务合作风险防范措施。依托既有的国际科技服务网络以及长期积累的国际合作经验，启迪控股通过对"一带一路"沿线相关国家进行走访考察与交流洽谈，充分掌握了合作地区和国家的政治、经济、文化、科技、民生等基本情况，并基于对这些国家的深入研究，从政治、经济、文化、管理等多个维度系统总结出风险识别与防范措施。

其次，为合作机构提供精准服务，并"以点带面"延伸拓展合作广度与深度。前期启迪控股通过为"一带一路"地区合作机构提供孵化器、科技园、科技城建设和运营管理方面的咨询服务和顾问服务，获得了合作地区高层政府、科研机构、大学、企业等各界的高度认可，为后期进一步深化合作内容奠定了坚实的基础。

再次，注重物理空间与虚拟空间结合，营造良好的创新生态环境。随着信息技术发展，以平台为代表的"虚拟空间"逐步独立于传统的物理空间而快速发展起来。但事实上，绝大多数科技产业的发展仍然对物理空间有所依赖，只有将物理与虚拟双重空间紧密结合，才能真正构建起适宜产业发展的生态系统。结合启迪控股的经验来讲，物理空间方面，其建设通常是结合地区发展实际，因地制宜，推行国际领先的科技在建筑、设施、开放空间等的运用，提升物理空间的科技水准。同时，立足大区域发展情况，合理确定好各种功能用地配比，提升物理空间的服务水平。虚拟空间方面，依托大数据、物联网、云计算等信息技术手段，构建区域管理信息系统，提升管理水平。

◇◇五 "一带一路"科技服务合作建议

《"十三五"国家科技创新规划》提出："发挥科技创新合作对共建'一带一路'的先导作用，围绕沿线国家科技创新合作需求，全面提升科技创新合作层次和水平，打造发展理念相通、要素流动畅通、科技设施联通、创新链条融通、人员交流顺通的创新共同体。"科技创新合作是"一带一路"的先导，而科技服务合作则是科技创新合作的重心。开展国际科技服务合作需要政府和市场紧密结合、共同发力，要充分发挥政府的引导和支持作用，以及科技服务商的市场主导作用。

（一）政府层面

1. 对科技服务跨国合作加强顶层设计

加强与沿线各国政府科技合作，分类制定国别战略，推进与科技发达国家建立创新战略伙伴关系，与周边国家打造互利合作的创新共同体，拓展对发展中国家科技伙伴计划框架。围绕研发合作、创新政策、技术标准、知识产权、跨国并购等开展深度的沟通与谈判，共同消除法律法规等方面障碍、出台大力支持平台建立的政策措施、简化建立平台的审批程序、普遍赋予合作平台以合法身份并建立保障平台参与者依法获得应有权利的制度环境，等等。

在产业园区的规划建设过程中，要把科技合作作为产业园区建设的重要内容，在产业园区未来的产业发展方向定位上，考虑国际科技合作的可能领域，既包括合作研究与开发层面的合作，也包括我国科技成果在产业园区实现产业化和商业化的前景。

在顶层设计基础上，进一步引导企业、科研机构、服务组织等社会力量参与并成为国际科技合作的实施主体，探索并最终形成政府搭台、社会参与、企业为主体的合作模式。

2. 为科技服务合作提供更有力的配套服务支撑

基于沿线国家或地区的科技基础和未来发展的需求，结合我国的实际情况，可考虑联合沿线国家与地区之外的高等院校、科研机构、企业等其他国家科研组织或者机构，特别是发达国家的科技力量，共同建立合作研究中心。

提高政府对外投资合作专项资金中科技合作的支持比例，鼓励国际大型保险公司、担保企业为科技服务跨国合作提供担保服务，对科技服务商投保海外投资保险给予扶持，以降低科技服务跨国合作过程中的风险。

通过双方政府引导，加大丝路基金等资金对科技合作的支持力度。在建立国有金融机构和投资基金的同时，出台相应的政策鼓励各类金融投资者、工商企业、研究机构、个人投资者等，独立或者合作建立更多的金融支持机构与基金。另外，借助于沿线国家及全球范围内的其他国家政府及金融机构积极关注和参与"一带一路"建设及其中的国际科技合作事项，从而构建起一个遍布全球广大发达国家和发展中国家的立体式金融支持网络体系。

政府在法律、财税等方面给予国际合作的科技园中的中小企业支持，从而实现鼓励中小企业积极入驻国际合作的科技园或孵化器的目的，提升该类园区在中小企业"走出去""引进来"方面的带动和示范作用。

（二）科技服务商层面

1. 综合评估合作风险并制定应对策略

在科技园的国际合作过程中，往往要面临着政治风险、制度风险、管理风险等多重风险压力。因此，在开展合作时首先应当对合作项目所在的国家和区域进行综合性风险评估和项目合作可行性论证，充分考虑国家或区域的政局稳定性、经济社会发展水平、科技发展基础、基础设施的完善程度、外商投资和知识产权等法律体系的健全程度、行政审批等政府机构办事效率，等等。通过综合分析，探索提出合理的合作方案和风险应对策略。

（1）按照合作内容，科技园区的合作模式可分为咨询顾问支持型、管理服务和品牌输出型、联合共建型等，合作的层次和深度也依次提高。随着合作层次和深度的提高，科技园合作的风险也会不断增强，因此，前期建议提供以科技园区规划、管理咨询、平台搭建、人才培训、品牌塑造与推广等为重点的"软"服务；在此基础上，通过对区域合作条件进行持续观察、研究和评估，稳步推进合作深度以及"硬件"建设。

（2）随着国家战略实施，由政府主导的跨国合作产业园越来越多，如马来西亚—中国关丹产业园、印尼—中国综合园区、中俄丝路创新园等。后期在科技园合作过程中，可与产业园运营主体进行协商，在既有的跨国产业园中设立科技园，作为产业园的"园中园"，这样既可以享受产业园相关优惠政策，也可有效降低合作风险。

（3）当科技园合作正式进入投资建设阶段时，可通过申请融资担保、投保海外投资保险等方式尽可能防范或规避合作过程中的风险。

（4）加强国际合作人才队伍建设和储备，通过"引进与培育并举"的方式，从企业内部挖掘培养一批，从外部聘请和引进一批，并有针对性地对其进行系统的、专业的培训与实践指导，提高其业务能力。

2. 科学规划科技园合作内容

基于前期项目合作可行性论证及方案选择研究，与合作方共同探讨确定合作模式与内容。无论是提供规划咨询服务、运营管理服务还是共同开发运营，都应当对科技园进行科学规划。首先，要科学选址，综合考虑经济、科技发展水平以及与我国/所在国家科技合作的未来前景，政局稳定性，交通、商业、居住等基础设施配套完善程度；其次，制定合理定位和发展策略，定位既不能不切实际又不能过于保守、毫无特色，应当根据区域独特的地理环境、发展基础、资源禀赋、文化内涵以及国际科技园区发展先进理念与经验等实行差异化、特色化、国际化定位，既体现与其他同类科技园的差异和特色，也体现出开放合作、与国际接轨的思路。基于总体或战略定位，再结合区域产业导向、产业基础等进一步确定园区产业体系、功能布局、发展策略。另外，结合地方发展实际导入启迪控股的相关科技产业，并将启迪先进的科技产品、孵化理念、运营管理经验运用到科技载体建设发展中。

3. 争取政府支持搭建科技合作服务平台

积极争取丝路基金、亚投行、国开行等相关基金支持，同时联合两国政府、企业、金融机构等跨区域跨领域共同成立针对科技园建设的开发基金、科技企业孵化投资基金和针对科技产业发展的投资基金，支持科技园区建设和科技企业融资等。

依托两国政府，联合两国高校、科研院所、科技企业、中介机构等共同搭建跨区域科技服务平台，积极引导和推动技术转移交易、互联网金融、知识产权保护、创新创业服务等平台的建设，为两国科技企业"走出去"、科技资源共享共用、跨国创新创业、技术创新交流合作等提供桥梁。

构建"一带一路"多元开放的
投融资体系

中国开发性金融促进会

　　"一带一路"赋予古丝绸之路以新的时代内涵，以"政策沟通、道路联通、贸易畅通、资金流通、民心相通"为主要内容，旨在打造和平、发展、共赢的经济合作带。三年多来，"一带一路"建设从构想到实践，以点带面、从线到片，在全球逐渐形成区域、跨区域合作的新亮点。同时，我们需要正视当前阶段存在的问题，相较于开发性金融和主权资金的着力推进，商业性金融和社会资本的跟进尚显不足，亟须构建多元开放的投融资体系，引导国际资本、商业资本、民间资本等共同参与"一带一路"建设，充分发挥市场机制的资源配置作用和"走出去"企业的主体推动作用。

◇一　"一带一路"投融资政策

　　"一带一路"建设是一项系统工程，要坚持共商、共建、共享原则，积极推进沿线国家发展战略的相互对接。中国政府先后发布了《丝绸之路经济带和 21 世纪海上丝绸之路建设战略规划》和《推动共建丝绸之路经济带和 21 世纪海上丝绸之路的愿景与行动》，其中投融资政策包含以下十个重要方面。

一是亚洲金融市场建设。"深化金融合作，推进亚洲货币稳定体系、投融资体系和信用体系建设。"

二是推动人民币国际化。"扩大沿线国家双边本币互换、结算的范围和规模。"

三是推动亚洲债券市场的开放和发展。

四是建立开发性金融机构。"推进亚洲基础设施投资银行、金砖国家开发银行筹建，有关各方就建立上海合作组织融资机构开展磋商。加快丝路基金组建运营。"

五是加强多边金融合作。"深化中国—东盟银行联合体、上合组织银行联合体务实合作，以银团贷款、银行授信等方式开展多边金融合作。"

六是推动资本市场"引进来"。支持沿线国家政府和信用等级较高的企业以及金融机构在中国境内发行人民币债券。

七是鼓励境外发行债券筹资。"符合条件的中国境内金融机构和企业可以在境外发行人民币债券和外币债券，鼓励在沿线国家使用所筹资金。"

八是金融监管合作，"推动签署双边监管合作谅解备忘录，逐步在区域内建立高效监管协调机制"。

九是信用建设合作。"加强征信管理部门、征信机构和评级机构之间的跨境交流与合作。完善风险应对和危机处置制度安排，构建区域性金融风险预警系统，形成应对跨境风险和危机处置的交流合作机制。"

十是引导社会投资。充分发挥丝路基金以及各国主权基金作用，引导商业性股权投资基金和社会资金共同参与"一带一路"重点项目建设。

◇二 "一带一路"金融合作取得的进展

开发性金融成绩显著。亚洲基础设施投资银行于 2015 年底正式成立，首批贷款为中亚三条公路建设提供融资支持，俄罗斯和印度也有意向亚投行提出融资计划。丝路基金成立以来，成功启动了 5 单跨境直接投资项目，投资国家涉及巴基斯坦、意大利、俄罗斯、哈萨克斯坦。金砖国家新开发银行开业整一年，也已经确立第一批绿色能源项目，成功发行首笔人民币绿色债券。

国际金融合作取得新进展。中国与沿线 21 个国家签署了本币互换协议，并向 7 个国家授予了人民币合格境外机构投资者额度，在 8 个国家设立了人民币清算行。这些举措都将促进人民币贸易结算和人民币计价海外融资，并提升海外人民币流动性增长。此外，众多的多边合作框架和交流论坛，为开展广泛、深入的金融合作提供可能。亚太经合组织、上海合作组织、亚欧会议（ASEM）、中国—东盟"10＋1"合作机制等均可为促进我国与"一带一路"沿线国家深入开展金融合作提供条件。

人民币国际化取得的成绩同样令人振奋，人民币成功纳入到 SDR（特别提款权）篮子，这标志着国际社会对人民币国际化改革成果的肯定。目前，我国人民币支付排名位居全球第六名，人民币离岸市场存款余额约 1.36 万亿元，除美元之外，人民币已经实现对澳元、英镑、韩元十几种货币的直接交易，同时在区域市场和银行柜台上，实现了对泰国、哈萨克斯坦等周边国家的直接交易。2016 年 8 月，中国人民银行、国家外汇管理局发布了《关于人民币合格境外机构投资者境内证券投资管理有关问题的通知》，对 RQFII 的额度管理由过去的审批制放宽为备案制、审批制相结合，这对于我国资本市场引入长期投资者、构建人民币回流机制进而促进人民币国际化具有重要意义。

◇◇三　"一带一路"投融资面临的挑战

尽管"一带一路"投融资合作已经取得很大进展，但是与沿线国家和地区的期待、对建设和产业资金的巨大需求相比较，还存在很大差距，这是"一带一路"投融资体系的基本矛盾。

一是开发性金融与商业性金融有效协同不足。"一带一路"战略推进至今，融资来源主要依靠我国主导的主权基金与多边开发银行，如丝路基金、亚洲基础设施投资银行、新开发银行等。数据显示，"一带一路"国家覆盖人口约 44 亿，占世界总人口的近 2/3，目前的 GDP 总量约占世界的 1/3，未来的投融资需求数以万亿美元计。"一带一路"建设面临的融资缺口十分巨大。

商业金融是典型的"顺周期"行业，开发性金融则具有"逆周期"投资的特征，二者的有机结合将为"一带一路"建设提供强大的资金保障。尽管 9 家中资银行在"一带一路"沿线 24 个国家设有 56 家一级分支机构，但是商业银行提供的服务内容更多集中于个人结算、跨境结算等业务，对产业的贷款支持力度还远远不够。目前，由亚投行、新开发银行等大型开发性金融机构贷款支持的水电站、铁路、能源管道等项目都已相继落地实施，相关配套设施的建设完善将催生一批商业金融能够介入的融资需求，为相关国家经济的持续增长提供有力支撑。开发性金融无疑将扮演新一轮经济增长周期的启动引擎，商业金融应积极与之配合，谋求整体利益最大化。

二是社会资本有效参与不足。根据商务部数据，2016 年 1—11 月，中国境内投资者共对全球 164 个国家和地区的 7500 多家境外企业进行了非金融类直接投资，累计折合 1617 亿美元，同比增长 55.3%；同期内，国内企业对"一带一路"相关的 53 个国家非金融类直接投资 133.5 亿美元，同比下降 4.7%，仅占同期总额的 8.3%。另据央行报告显示，2016 年 11 月末社会融资规模存量为 154.36 万亿元，同比增长 13.3%。其中，对实体经济发放的人民币贷款余额为 104.2 万亿元，同比增长 13.4%。

在我国对外投资和社会融资总量保持较快增长的背景下，"一带一路"未能如期引发投资热潮，一个重要原因是投资渠道不畅通。对此，社会组织应当发挥平台搭建、信息沟通的天然优势，举办经贸、投融资方面的洽谈会，嫁接项目与资金。此外，大型金融机构在投资海外的过程中，应当注重与社会资本协同配合，大机构具有资金、信息以及政策方面的优势，社会资本具有高效、灵活、多元、市场化程度高等优势，两者结合有利于实现"一带一路"投资的效益最大化。

三是导引国际资金共建"一带一路"。"一带一路"建设的经济示范效应正在显现，应适时吸引国际资本，包括欧美金融力量、伊斯兰金融等共同参与。2016年初，中国正式加入欧洲复兴开发银行，通过多边合作推动"一带一路"战略与欧洲投资计划对接，为"一带一路"建设聚集更多全球资源。这是打通"一带一路"国际融资渠道的有益探索。国务院总理李克强在会见欧洲复兴开发银行行长查克拉巴蒂时曾表示，中方愿同欧洲复兴开发银行加强投融资合作，就推进"一带一路"倡议、国际产能合作等加强对接，积极开展第三方市场合作，为中欧深化互利合作提供支持。此外，中国增加在诸如世界银行等国际多边金融机构中的资本份额，有利于提升我国在国际金融市场上的话语权和影响力，针对"一带一路"项目进行高端宣介，引导国际金融机构的投资方向。

四是风险考量仍是突出的投资制约因素。对待风险，首先要做好识别与评估。中国信保公司每年定期发布国家风险分析报告，其中包括了所有"一带一路"国家的主权信用评价，可以作为市场的重要参考。"一带一路"沿线多是有待开发和培育的市场，投资者在完成项目风险评估后往往止步不前，在观望中错失有利投资机会、错过最佳投资时点。现阶段的主要任务，是要转变思维，以发展的眼光看待风险，变被动等待为主动承担化解，借鉴开发性金融的理念经验，形成一套建设市场信用、优化信用环境、化解市场风险的运作模式，通过建立风险共担机制，探索PPP合作、产业基金、银团贷款等方式，与"一带一路"参与方结成最广泛的利益共同体，提升集体的风险消纳能力。

构建适合发展中国家的新型评级体系，提高"一带一路"国家融资能力。由于西方主导的评级体系，一般根据国家的GDP、资产、负债等指标评价，导致发展中国家的主权信用等级通常较低，不利于在国际市场上融资。因此需要构建适合发展中国家的评级体系，更加重视发展潜力、未来收益、存量资产的盘活等因素，调整和完善主权评级模型。鼓励国内信用评级机构创新评级方式，加强征信管理部门、征信机构和评级机构之间的跨境交流与合作。

五是国际金融资源亟待开发。中国金融机构"走出去"，在国际资本市场募集资金，不仅能支持"一带一路"建设，还可以提高自身国际化水平。长期以来，国际金融资源并没有得到中资金融机构足够重视，许多企业习惯于在国内筹集资金到国外投资，缺乏长远的国际战略。"一带一路"战略为中国金融机构国际化提供了重要契机，可联合第三方国家金融机构，共同参与收购第三方国家的金融资源，不仅为"一带一路"建设聚集更多资源，而且深度参与国际市场也为实现资本的有序退出提前布局，除股票上市、股权交易外，重资产的租赁回售、长期生息资产的证券化都是可以探索的资本退出方式。

◇◇四 构建"一带一路"多元开放的投融资体系

"一带一路"投融资体系的多元性体现为多元金融形式和多种金融主体。多元金融形式包括政策性金融（含对外直接经济援助）、开发性金融和商业性金融等。中国在投融资合作中应谨慎处理三者之间的关系。政策性金融是"一带一路"政策导向的体现，以亚投行、新开发银行以及国家开发银行为代表的开发性金融是沿线基础设施投资项目的先锋先导，商业金融应积极与开发性金融协同，同时发挥自身优势及时反馈合作中的问题，避免出现忽视市场风险、背离市场机制的现象。

多种金融主体是指建设资金不能仅仅来源于银行、股权融资，保险、租赁以及债券市场都是可资使用的融资渠道。"一带一路"沿线国家的市场融资多集中于银行贷款和股权筹资，尤其是银行贷款多占比例较高。完善亚洲债券市场，可以兼顾稳健和效益，有助于扩大基础设施投融资渠道，增强亚洲直接金融市场的深度与广度，改变亚洲中长期投资的货币期限结构错配。初期阶段以主权债或准主权债为开端来推动亚洲债券市场的发展是可行的做法，借以政府力量，完善债券市场发展所需的金融市场基础设施和跨境操作，加强信用信息共享系统，管理担保权益的法律和制度框架，为民间资本的全面进入提供条件。

同时，国际同业经验值得借鉴。一方面，借鉴其他多边开发性金融的治理经验。亚投行、金砖国家开发银行等多边开发性机构需要借鉴世界银行、亚开行等公司治理经验，提高自身的资金管理水平，在投资方向上突出自身特色，成为弥补亚洲乃至整个沿线国家的基础设施建设的重要支撑。另一方面，与欧盟"一带一路"的金融合作可以获得丰富的经验。欧盟曾通过设立结构基金、欧洲地区发展基金、欧洲投资银行、提供优化贷款等政策工具来支持落后地区，在开发性金融业务开展、风险控制等方面具有丰富经验。此外，欧盟的金融机构具有发达的海外保险业务，我国可以通过并购欧盟金融机构以及机构间的业务合作方式，学习欧盟跨境保险业务的经验。

开放的投融资体系与"一带一路"倡议自身的开放性与包容性是相一致的。与类似TPP这样一种封闭排他式的国家合作协议不同，在"一带一路"倡议下，任何一个国家都可以平等自由地参与到其发展建设中。"一带一路"倡议立足于全球国家的多元化和差异性，不再单纯局限于亚洲或者是发展中国家，更体现出开放包容，结合南南合作和南北合作的不同优势，以谋求互利共赢的局面。尽管"一带一路"倡议刚刚起步，但是区域主义具有类似多米诺骨牌的扩散效应，当一国贸易伙伴重新安排其对外经济的部署，则该国也极有可能签署类似协议安排。因此，我国应当立足双边协定，通过自由贸易协定、货币双边互换协议等深入的合作安排，扩大货币金融稳定合作深度，并通过大国政策的溢出效应，将整体区域合作深度推向一个更高的层次。

◇◇五　中国开发性金融促进会携手蓝迪智库，共同服务国家"一带一路"战略

中国开发性金融促进会是经国务院批准、由国家开发银行发起成立的全国性社会团体，全国政协副主席陈元担任会长。

在国际合作和服务"一带一路"领域，我们的主要工作方式：第一，建立国际对话机制，促进产能对接和产业对接，深化国际战略合作关系。第二，主动构造和培育项目，为会员提供项目的前期规划和启动条件。该会发挥自身社会组织的平台优势，对政府、银行、国企、民企等资源进行有机整合，在推进丝绸之路沿线的高铁合作、自贸区建设方面都取得了重大进步，其中设在沙特的自贸区建设方案已完成六方签约。第三，密切协同主要金融机构，依托旗下的资产管理公司和资信评估公司，对会员提供信贷、融资租赁以及信用评级等金融产品服务。

此外，中国开发性金融促进会作为亚信金融领域协调国活动承办单

位，已成功在首届亚信非政府论坛年会上主办分论坛——"开发性金融与亚洲发展"圆桌会议，在亚信的框架下，该会将积极推动亚信框架下的长期投资者合作、供应链金融合作、资本市场合作、信用建设等。

中国开发性金融促进会已与蓝迪国际智库结成战略合作伙伴，紧密合作，共同组织会员企业和社会资源，为服务"一带一路"战略做出更大贡献。

"一带一路"与全球绿色能源

远景能源科技有限公司

2013 年 9 月，习近平总书记正式提出包含"丝绸之路经济带"和"21 世纪海上丝绸之路"的"一带一路"战略理念。"一带一路"建设推进三年多来，其"和平合作、开放包容、互学互鉴、互利共赢"的核心价值理念越来越被沿线国家和人民所共识，"共商、共建、共享"的基本原则也越来越被沿线国家各方面所认同。"一带一路"被认为是互利共赢之路，大力实施"一带一路"战略，既是我国经济走向世界的需要，也是我国拓展国际战略格局、实施大国外交的需要。

"一带一路"战略是在全球经济和世界格局面临巨大变化和转型的背景下提出和推进的。2016 年 4 月 22 日，100 多个国家齐聚联合国见证一份全球性的气候新协议——《巴黎协定》的签署。《巴黎协定》是继 1992 年《联合国气候变化框架公约》、1997 年《京都议定书》之后，人类历史上应对气候变化的第三个里程碑式的国际法律文本，搭建了 2020 年后的全球气候治理格局。2016 年 9 月 3 日，全国人大常委会批准中国加入《巴黎气候变化协定》，我国成为第 23 个完成了批准协定的缔约方。

《巴黎协定》明确把全球平均气温较工业化前水平升高控制在 2 摄氏度之内,并为把升温控制在 1.5 摄氏度之内努力。这就要求推动各方以"自主贡献"的方式参与全球应对气候变化行动,积极向绿色可持续的增长方式转型,避免过去几十年严重依赖石化产品的增长模式继续对自然生态系统构成威胁。

中国的发展离不开世界,世界的发展也需要中国。这句话用来形容"一带一路"战略和《巴黎协定》这两个重要的世界运行机制和发展思路框架,对于未来全球经济、政治和治理格局的影响,再贴切不过了。两者交相呼应,相得益彰,其中最重要的连接点和核心纽带,无疑是绿色能源转型。

◇◇一　"一带一路"国家绿色能源投资大有可为

"一带一路"涉及 60 多个国家和地区,现已有 100 多个国家和国际组织参与到"一带一路"建设中。丝绸之路经济带包括北线、中线、南线:北线主要为中国经中亚、俄罗斯至欧洲(波罗的海);中线主要为中国经中亚、西亚至波斯湾、地中海;南线为中国至东南亚、南亚、印度洋。"一带"主要依托国际大通道,以沿线中心城市为支撑,以重点经贸产业园区为合作平台,包括新亚欧大陆桥、中蒙俄、中国—中亚—西亚、中国—中南半岛等国际经济合作走廊。21 世纪海上丝绸之路有两条线:第一,中国沿海港口过南海到印度洋,延伸至欧洲;第二,中国沿海港口过南海到南太平洋。"一路"主要以重点港口为节点,共同建设通畅、安全、高效的运输大通道，包括中巴、孟中印缅两个经济走廊。

随着经济的快速发展，"一带一路"沿线国家电力消费水平将有极大的增长空间，并将带动电力投资建设。国际能源署相关研究表明，东南亚地区有超过1/5的人口仍缺乏电力供应，到2035年，东南亚国家的能源需求将增长80%以上，相当于当前日本的能源消费总量。到2030年，缅甸、菲律宾、泰国等国家电力装机量会达到2013年的2—3倍。另外，国际能源署预计，2014—2020年，"一带一路"沿线的非OECD国家年均电力投资总额均为2460.9亿欧元，较2000—2013年的年均1401.29亿美元约有75.6%的增幅。2014—2020年，中国的电力投资总额预计约为1925.11亿美元，"一带一路"沿线地区的电力投资总额高于中国27.8%。

（一）能源是"一带一路"基础设施合作的重要组成部分

2015年3月28日，国务院授权三部委联合下发《推动共建丝绸之路经济带和21世纪海上丝绸之路的愿景与行动》（简称《"一带一路"的愿景与行动》），明确提出在设施联通方面，基础设施互联互通是"一带一路"建设的优先领域，强调"加强能源基础设施互联互通合作，维护输油、输气管道等运输通道安全，推进跨境电力与输电通道建设，积极开展区域电网升级改造合作"。

另外，在贸易畅通方面，《"一带一路"的愿景与行动》指出，"积极推动水电、核电、风电、太阳能等清洁、可再生能源合作，推进能源资源就地就近加工转化合作，形成能源资源合作上下游一体化产业链。

加强能源资源深加工技术、装备与工程服务合作。"

中国商务部的数字显示，2005—2016 年，中国世界范围内直接投资和建设合同规模 14859.1 亿美元，"一带一路"战略提出后中国对外投资增速加快。从行业层面看，按照投资规模排名，主要分布在能源、交通运输、有色、房地产、科技、金融、农业、旅游和娱乐，其中能源投资规模 5946.1 亿美元，占总投资的 40%；其次是交通运输规模 2689.1 亿美元，占总投资的 18%。

具体来看，能源投资方面主要集中在亚洲地区，西亚占比 22.25%，东亚占比 15.11%，欧洲占比 9.79%，阿拉伯中东和北非占比 9.18%。从经济情况看，东南亚国家和中亚国家 GDP 增速相对较高，阿拉伯及东欧国家相对较低。而阿拉伯国家及部分东欧国家人均 GDP 相对较高，东南亚相对较低。人口密度方面，东南亚等国家人口密度偏高，对设施联通和经贸合作需求较大。因此，对于不同发展程度的国家，相应的合作领域也有所区别，巴基斯坦、东南亚国家、中亚国家等基本以设施联通为主。

近年来，东南亚国家经济快速增长，电力需求高涨，但由于电力基础设施欠发达，电力供给缺口较大（见表 1）。国际能源署相关研究表明，东南亚地区有超过 1/5 的人口现在仍缺乏电力供应，到 2035 年东南亚国家的能源需求将增长 80% 以上，相当于当前日本的能源消费总量。

表 1　　　　　　　　　　东南亚国家情况

	孟加拉	巴基斯坦	越南	斯里兰卡	泰国	中国
人口（Million）	164.4	180	91.7	20.64	67.22	1368

续表

	孟加拉	巴基斯坦	越南	斯里兰卡	泰国	中国
GDP 增速（%）	6.50	4.20	6.68	4.80	2.82	6.70
人均 GDP（$）	973	1190	2109	3631	5560	8280
总装机量（GW）（2014）	10.29	22	34	3.65	36.17	1505
人均装机量（kW）（2014）	0.0626	0.1222	0.371	0.177	0.538	1.1
人均用电量（kWh）（2014）	293	450	1306	526	2471	3762

（二）"一带一路"国家是绿色能源发展的"后起之秀"

随着可再生能源技术的发展，可再生能源在许多国家已具备成本竞争力。投资增长，随之而来的是技术进步、成本下降和更多的就业岗位。当前，共有810万人工作在可再生能源领域——可再生能源行业稳定增长的就业率同整体能源行业劳动力市场的萧条形成了鲜明对比。

以风电为例，随着世界各国对能源安全、生态环境、气候变化等问题的日益重视，加快发展风电已成为国际社会的普遍共识。风电作为应用最广泛和发展最快的可再生能源之一，已在全球范围内实现了大规模开发应用。截至2016年底，全球100多个国家风电累计装机容量达4.32亿千瓦，其中"十二五"时期新增2.38亿千瓦，年均增长率达到17%，是装机容量增幅最大的可再生能源。

风电已成为部分国家新增电源和电力供应的重要组成部分。美国2007年以来新增发电装机容量的33%、欧洲2000年以来新增发电装机容量的30%均来自风电。2015年，风电在丹麦、西班牙和德国电力消费总量中的比重分别达到42%、19%和13%。

随着全球利用可再生能源的共识不断增强，风电在未来将在"一带一路"国家能源电力系统中扮演更加重要的角色。这与《巴黎协定》的要求不谋而合，将促进发达国家继续带头减排并加强对发展中国家提供财力支持，在技术周期的不同阶段强化技术发展和技术转让的合作行为，帮助后者减缓和适应气候变化；通过市场和非市场双重手段，进行国际合作，通过适宜的减缓、顺应、融资、技术转让和能力建设等方式，推动所有缔约方共同履行减排贡献。此外，根据《巴黎协定》的内在逻辑，在资本市场上，全球投资偏好未来将进一步向绿色能源、低碳经济、环境治理等领域倾斜。

"一带一路"沿线国家新能源开发潜力巨大。以电力需求较大的东南亚国家为例，东南亚国家风电资源丰富，如越南和泰国潜在可开发风资源总容量分别为513吉瓦和152吉瓦，能够有效满足当地电力发展需求。随着风力发电成本因为新技术发展而持续走低，对于风资源较高、建设成本较低的地区，风电成本已经非常接近常规能源。因此，东南亚国家的风电发展从2011年到2015年增长迅速，但总体处于市场培育期（见图1）。根据前期积累的风电开发经验，东南亚各国政府均制订了非常积极的风电发展规划，并为风电发展提供了非常好的电价补贴等政策支持，同时大力吸引外国投资者对其风电领域进行投资。其中，泰国计划2022年风电装机容量达到1.8吉瓦，越南计划2020年和2030年分别实现风电装机容量达到1吉瓦和6.2吉瓦。预计2024年，东南亚市场的风电装机规模将超过10吉瓦。

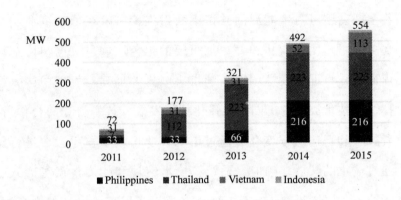

图 1　东南亚国家历史风电装机容量（2011—2015）

◇二　绿色能源度电成本降低，中国企业创新引领勇于担当

2016 年全球可再生能源发电项目投标价一再爆出新低，墨西哥、智利和阿联酋的太阳能发电项目都爆出低于 3 美分/千瓦时的超低投标价，摩洛哥风电项目投标价也一度低至 2.5 美分/千瓦时的创纪录低价，反映出全球可再生能源成本竞争日益激烈。从全球可再生能源市场情况看，目前行业发展的重心已从低价竞争逐渐转移至新能源的规模化开发利用，可再生能源行业已经成功度过临界点。

（一）度电成本下降使绿色能源成为可能

远景能源目前是中国第二大风机供应商，中国最大的海上风机供应商之一。2016 年使用远景风机的在保风场年利用小时数超过全国平均数

18%以上。远景能源的价值观是为人类的可持续未来解决挑战。远景能源在过去十年时间内，发展成为全球最大的智慧能源管理公司、全球领先的智能风机和海上风电技术公司，均得益于远景在技术创新上的偏执。

如果有一点经验之谈的话，远景能源认为首先是坚定地开展可再生能源技术创新，从智能风机起步，利用物联网和软件控制技术不断降低风电的度电成本。未来三年，远景能源的目标是将智能风电的度电成本降低至0.2元/度。美好的能源的重要条件是经济性突出，接近于免费。新能源成本下降意义重大，全球范围内无论是海上还是陆上项目的竞标，都已实现成本大幅下降。

风电开发利用的经济性显著提升是"一带一路"国家绿色能源利用的前提条件。随着全球范围内风电开发利用技术的不断进步及应用规模的不断扩大，全球风电度电成本在过去五年下降约30%。巴西、南非、埃及等国家风电招标电价已经低于本地传统化石能源上网电价，美国风电的长期购电协议价格已与化石能源发电达到同等水平，风电已开始逐步显现经济竞争力。

以智利为例，2012年到2016年，智利共有4次相关竞标，风能太阳能的竞标价格已从每度电12美分下降到每度电4美分。

（二）中国市场理性发展驱动可再生能源回归技术属性

远景能源认为，未来能源世界一定是美好的。得出这一判断的依据是，化石能源和可再生能源的属性截然不同。化石能源的核心是商品属性，其价格由供需变化决定。尽管现在价格相对较低，但无法预料未来5

年、10 年后石油和煤炭的价格走势如何；可再生能源的核心是技术属性，风光资源是绿色、免费、充沛和无处不在的美好能源。所以，问题的关键是我们是否可以通过技术创新和智慧运用把风光利用起来。

如前所述，过去十年甚至更长的时间，风电平均度电成本以每年 5% 的速度下降，光伏度电成本每年降幅更快，达到 10%，储能近几年也表现出 10% 左右的成本下降趋势。因此，与化石能源最大的不同，是可再生能源价格始终走在下行通道上不会反弹，成本下降速度之快令人难以想象，最终一定会成为让电力价格接近免费的美好能源。

由此对未来的可再生能源企业提出了新的更高的要求。远景能源认为由于其具有的技术属性的特点，未来的新能源企业一定是技术驱动型企业，度电成本决定可再生能源成败。

2010 年，远景能源全球首创的低风速风机的研发和投产，加快了中国风电产业战略调整的步伐，在远景能源技术创新的引领和带动下，我国风电产业发展进入低风速时代。低风速技术的进步，使得可开发风资源由最初的 7 米/秒下降到目前的 5.5 米/秒，促使我国中东部地区风资源可开发面积增加 55 万平方公里，潜在发电量增加 1.8 万亿千瓦时，全国风资源可利用面积增加 35%。

远景率先提出的智能风机概念如今已被中国产业界全面接受。率先通过自主研发并有效组合和应用各种技术，彻底突破并超越了传统风机的技术禁锢，使得风机发电效率提升 15% 以上。同时远景能源将智能风机控制技术与云计算相结合，突破性地将智能风机群升级为智能风场，通过与相邻风机的信息共享，每台风机可以感知到自己的工作状态并判断出与相邻风机的相互影响，从而通过智能协调，实现以全场发电量为最优的全局化目标。

目前，120 米柔性全钢高塔是远景对智能风机的最新注解。随着风电开发走向更低风速的领域，要保证可靠的经济性回报，采用达到至少 120 米轮毂高度的超高塔架技术是必然的选择。目前远景主推的 120 米高轮毂技术方案为全钢柔性塔架方案，借助于 120 米轮毂高度的全钢柔性塔架显著的成本优势、成熟的生产质量控制工艺以及成熟的供应市场，远景能源国内领先的 120 米轮毂高度全钢柔性塔架必将大力推进超低风速风电场项目开发的经济性。

远景能源并没有故步自封，而是制定了未来三年风电度电成本每年降低 10% 的目标，即三年内要实现风电度电成本降低 30%，信心来自于技术工程师们向基础科学研究提出了全新的挑战。例如，材料科学方面，过去几年业界已经把碳纤维技术用到了主轴，用几百公斤的碳纤维取代十几吨的主轴，远景能源的创新思考在于如何把这个技术运用得更好；远景能源在两年多以前获得了欧盟"地平线 2020"计划的支持，计划未来 2—3 年内将超导风机竖立在丹麦。

◇◇三　构建"一带一路"绿色能源互联网体系

不可回避的是，可再生能源固有的波动性和间歇性特征仍是制约其发展和利用的关键因素。以中国市场为例，从季节特性看，风电大发期与火电供热期重叠；从日内特性看，风电大发期与负荷低谷期重叠，既增加了风电消纳的难度，也增加了其他常规电源的运行调节成本，不利于风电的利用。因此，远景能源的思考是，如何应对固有的难题，降低协同成本，如何让整体的系统网络成本不会因为可再生能源的分布式、间歇性的特性造成成本居高不下。

（一）绿色能源发展仅靠度电成本降低还不够

未来能源系统面临的最大挑战是可再生能源的系统协同成本。过去几年，远景能源在数字化解决方案上也迈出了坚定步伐，通过能源设备的物联、大数据和人工智能，来大幅度降低能源系统的协同成本。

远景能源认为，需要能源互联网这样的物联网平台来连接数十亿的智能化风机、光伏电站、储能电池、充电网络、家庭能源管理系统和社区能源管理系统，通过能源互联网这个平台让电力系统变得更加柔性。只有能源互联网才能协奏未来的能源系统。

德国能源部长代表团 2016 年到访远景，在谈到能源转型时与远景能源认识一致：第一，德国曾经规划了一个从上至下的转型路径，但事实上转型却是从下至上的。目前德国大部分的光伏和风电投资商并不是像 EON 和 RWE 这样的公司，相反，80% 左右都是小公司和小型社区组织，它们才是德国可再生能源转型的主力军。第二，从供给侧向需求侧转变。能源的本质不是远距离输送，而是就近转化满足每个人的美好生活。如果未来光伏和储能融入城市建筑中去，如果风电在社区周边和田间地头上利用，那时能源系统将会走向需求侧。如果能够通过能源互联网的有效管理让每个楼宇、每个家庭变得能效更高，也是需求侧的重要变化。第三，从局部走向系统。要把充电网络建立好，目前充电网络受到配电网的局限无法发挥储能和调峰的作用。

（二）绿色能源转型需要从硬件思维走向软件思维

远景能源是全球最大的智慧能源管理企业。远景智慧能源管理平台 Wind OS™、阿波罗平台管理着包括北美最大独立新能源运营商 Pattern 能源、北美最大的电力公司杜克能源、全球领先的新能源开发商中广核、全球领先的太阳能整体解决方案提供商天合光能等在内的超过 6000 万千瓦的全球新能源资产，覆盖风电、光伏、充电网络、能效等领域。

远景格林威治平台，为全球领先的风电开发商龙源电力集团和中广核集团的全生命周期投资开发创造价值，为风电行业提供了一个基于大数据的评价体系和基于大量技术 know-how 的实施标准，开启风电大航海时代。

远景能源阿波罗光伏云™平台，目前已经成为中国最大的分布式光伏电站资产管理平台，管理超过 6 吉瓦的国内光伏电站。在海外，阿波罗光伏云™为北美最大的独立新能源运营商 Pattern 能源等公司管理超过 500 兆瓦的全球光伏电站资产。

阿波罗评级™是远景能源于 2015 年推出的国内首个针对光伏电站资产风险评级的产品，对处于任何阶段的光伏电站资产进行精准的风险评级，实现针对光伏电站的贷前风险评级、贷中过程风险管理，并通过阿波罗光伏云™提供贷后电站绩效的实时监控。目前，阿波罗评级™已与国内数十家领先的银行、租赁、信托、基金、保险等金融机构开展全方位合作，累计评估集中式电站 3 吉瓦，分布式电站 3 吉瓦，涉及资产总额超过 400 亿元。

远景能源最新开发的 EnOS™ 能源互联网平台，以该平台为核心，整合全球垂直领域最顶尖的合作伙伴，构筑智慧能源生态系统，战略投资或控股全球最大的电动汽车充电网络公司 ChargePoint、全球领先的智能电网大数据技术公司 AutoGrid、欧洲最大的储能公司 Sonnen 以及欧洲可再生能源管理软件领军企业 BazeField。

远景能源认为，能源转型需要我们从硬件思维走向软件思维，通过软件重新定义能源系统，减少硬件方面的约束和投入，是能源互联网的核心价值所在。能源互联网不仅从硬件走向了软件，也推动软件走向整个互联网的生态系统。通过这样一个平台，能源互联网的真正目的是要促进能源转型，成为可再生能源时代的运行体系和机制。

（三）能源互联网为"一带一路"后发国家带来绿色价值

远景能源深刻认识到，全球能源系统正在经历历史性重构，未来能源系统将是由数以亿计的风机、太阳能电池板、储能设备、用电终端、充电网络等能源设备组成。能源互联网平台将利用物联网技术，将数亿能源设备、机器、系统连接起来，在此基础上整合运行数据、天气数据、气象数据、电网数据、电力市场数据等，进行大数据分析、负荷预测、发电预测、机器学习，打通并优化能源生产和消费端的运作效率，随时动态调整需求和供应。

颠覆性技术正让可再生能源成本加速降低，全球能源转型将更加迅猛。最终的世界属于可再生能源，远景能源要加速这一进程，通过能源互联网让可再生能源时代的能源系统更加高效、智能地运转。

构建这样的全球能源系统、打造美好能源未来并不是只靠一家公司、一家研究机构、一个政府机关或一个国家就能实现。只有包括"一带一路"国家在内的各方携手共进，加入到美好能源世界愿景 Entopia 的大家庭中，才可以让我们实现享用美好、低廉、无处不在、没有污染的能源。

也正因为如此，远景能源的海外战略更加看重"一带一路"国家，不仅是响应国家战略承担企业责任，更重要的是能够让"一带一路"国家享受到后发优势，实现跨越式发展，在满足当地人民生活需求和社会发展的同时，不再承受化石能源对于环境破坏的压力和无奈，享受美好能源的福祉，顺应《巴黎协定》倡议，为人类的可持续发展未来贡献美好能量。

◇◇四　远景能源携手蓝迪智库服务 "一带一路"国家战略

（一）智库搭台企业唱戏，共同谱写"一带一路"绿色篇章

旨在服务"一带一路"沿线国家和地区建设与发展的蓝迪国际智库平台，以共商、共建、共享的理念，不断汇聚国内外各专业领域的专家，建成专家库、人才库和案例库，高端、务实，智库实至名归。未来智库和企业联手，将大有可为，实操层面如何落地可与时俱进加强探讨。

第一，蓝迪智库结合自身优势，利用中国近些年在可再生能源上的

经验和教训，引导"一带一路"国家制定操作可行的绿色能源相关的政策和法规，帮助这些国家少走弯路，更好地使绿色能源成为这些国家可持续发展的引擎。

第二，蓝迪智库搭建平台，引入有实力的中国新能源企业，引入先进的绿色能源技术到"一带一路"国家，为这些国家能源转型做出应有的努力和贡献。

第三，联合中国资本建立"一带一路绿色能源产业基金"，引导"一带一路"国家在可再生能源投资中打开良好的局面，从而吸引发达国家和其他社会资本到"一带一路"国家参与可再生能源投资，解决巨大的资金缺口。

对于远景能源来说，期待如下尝试：

第一，利用自身的技术优势，利用领先的全球化的理念和经验，帮助"一带一路"国家规划风电、太阳能等可再生能源，使得这些国家享受全球领先技术的发展成果，在规划初期就具有领先性和前瞻力。

第二，作为智慧风电的龙头企业，积极参与"一带一路"国家的可再生能源的建设，帮助这些国家建立自身的新能源全产业链能力，更好地为当地能源发展和转型服务。

第三，利用能源互联网的优势，帮助"一带一路"国家在能源投资上提升效率，把有限的资金发挥到最大价值，同时享受能源互联网带来的技术、理念上的红利。

（二）继续坚定"一带一路"国家是远景能源海外核心市场的战略

"一带一路"沿线国家由于其巨大的电力市场需求和经济发展潜力，

以及与中国紧密的政治、经济、地理和人文联系，是远景能源海外新能源技术推广的重点目标市场。目前远景能源在这些国家和市场的开拓，主要依托两种模式。

一种是通过与电力相关央企的战略合作，作为其风力发电解决方案和设备提供商，协助其完成海外风力发电的投资或项目总包工作。另一种是直接对沿线国家的风力发电项目进行投资，或者作为对应项目的解决方案和设备提供商为本地业主提供支持。针对相应业务模式，远景能源的国际业务组建了多个针对不同市场的团队，从而更好地为业主提供业务支持。远景能源计划 2020 年底实现海外市场收入占比 50% 的长期目标。

远景能源目前已在北美、拉美和中国取得快速发展和规模部署。远景能源 2014 年完成第一单智利项目的签订和供货，又接连完成丹麦项目、黑山项目、墨西哥项目、法国项目和阿根廷项目的连续中标和发货。目前，随着风电技术发展带来的度电成本降低，亚洲和非洲等其他"一带一路"沿线的发展中国家也进入风电的爆发式增长阶段。远景能源通过欧洲和美洲市场的示范效应，开始积极开拓发展中国家市场，目前正在跟踪运作的储备项目规模接近 5 吉瓦（见表 2）。

表 2　　　　远景能源目前正在跟踪运作的储备项目规模

区域	储备项目规模（MW）
央企	1570
欧洲	380
南美	974
印度	200

续表

区域	储备项目规模（MW）
澳洲	300
西亚和非洲	400
东南亚和南亚	990
合计	4814

远景能源将与蓝迪国际智库结成战略合作伙伴，紧密合作共同组织相关企业和社会资源，为服务"一带一路"战略做出更大贡献。

驼铃悠悠传千古，丝路合作谱新篇。"一带一路"战略的提出，充分展示了中国在全球化时代的文明自信与自觉，这一点与《巴黎协定》具有同等重要的战略价值和国际意义。远景能源将借力蓝迪智库平台，积极响应国家"一带一路"战略布局，在互联互通中密切合作，传递远景能源"为人类的可持续未来解决挑战"的价值观和理念，在"共商、共建、共享"的同时，推动"一带一路"国家绿色能源转型跨越式发展，建立可持续发展、环境友好和共同繁荣的绿色未来。

光伏产业国际化之路

晶科能源控股有限公司

◇◇一 全球光伏行业发展趋势的分析

在全球气候变化的背景下,"低碳经济"日益受到世界各国的关注,多数国家纷纷提出可再生能源发展目标,如丹麦提出到 2050 年全部摆脱对化石能源的依赖;德国则提出到 2050 年可再生能源消费量占终端能源消费总量的比例达到 60%,可再生能源发电占总发电量比例达到 80% 的目标;中国也提出 2020 年非化石能源占一次能源消费比重达到 15%,2030 年非化石能源占一次能源消费比重达到 20%。1 座兆瓦级电站年发电量可达 180 万度,在 25 年寿命期内总产出 4500 万度电,累计可节约标准煤 17794 吨,减排二氧化碳 46264 吨。

在全球多个国家推动下,光伏产业化技术水平不断提高,产业规模逐渐扩大,成为促进能源多样化和实现可持续发展的重要能源。全球光伏产业年均增长率达到 70% 以上,在世界各种能源增长速率中名列第一。

截至 2015 年底，全球累计光伏装机容量超过 230 吉瓦，过去十年年复合增长率达到 42%。传统光伏应用市场如中国、日本、美国等继续领跑全球，新兴市场如印度、拉丁美洲诸国及中东地区则亮点纷呈。在政策引导及市场驱动下，2015 年中国光伏新增装机容量高达 15.13 吉瓦，同比增长 42.7%，连续三年位列全球第一大光伏应用市场，累计装机达到 43.18 吉瓦，超越德国成为全球光伏累计装机量最大的国家。日本全年新增光伏装机量约为 11 吉瓦，较 2014 年增长 18.5%，年新增装机量蝉联全球第二。受税收减免政策变化影响，美国新增装机量再创历史新高，2015 年新增装机量达 7.3 吉瓦，同比增长 17%。欧洲地区年度新增装机容量约为 8.5 吉瓦，同比上升 21.4%；增长点主要是英国，因该国补贴政策将于 2016 年截止，因而出现抢装热潮，全年装机量约为 3.5 吉瓦，同比增长近 100%；德国市场则继续遇冷，装机量跌至 1.4 吉瓦，同比下降 26.3%。

据国际能源署（IEA）预测，到 2030 年全球光伏累计装机量有望超过 1000 吉瓦。另据欧洲欧盟委员会联合研究中心（JRC）预测，至 2050 年，太阳能光伏发电将占全部发电量的 25%，到 2100 年达到 64%，太阳能将成为未来能源结构的主导。

随着国际化步伐的加快，我国光伏企业"走出去"的需求与趋势愈加明显。一方面，在我国"一带一路"战略指导下，我国光伏企业也欲通过实施"走出去"战略开拓新兴光伏市场。据不完全统计，我国已建成投产海外电池与组件产能分别达到 3.2 吉瓦与 3.78 吉瓦，在建及扩建产能分别达到 3 吉瓦以上。另一方面，欧美等国家与地区相继对我国光伏产品出口实施"双反"调查，并出台高额税率，影响占我国光伏产品产量40%左右的出口市场，倒逼我国光伏企业海外建厂以规避"双反"措施。我国光伏企业除了通过并购等方式在美国、欧洲、日本等地布局产能外，也通过新建、改扩建等方式在马来西亚、泰国、印度等地设立工厂，质优价廉的光伏产品为全球光伏产业快速发展做出了巨大贡献。同时，光伏产业发展具有明显的社会带动作用，辐射效应极为明显。光伏产业的迅猛发展给半导体设备的发展提供了一个大好的机遇和广阔的市场空间，既促进了国产设备技术水平的提高，又有利于企业资金的循环和积累，为设备商营造了研发、再投入、再开发的良性循环发展氛围。

◇◇二　晶科能源及晶科电力简介

作为世界领先的太阳能光伏企业，晶科能源控股有限公司成立于2006年，2010年成功纽交所上市（代码：JKS）。2015年，公司实现营业收入160多亿元人民币，跃升至2016《财富》中国500强第330名。2016年，凭借出色的业绩，晶科能源成为全球最大的组件制造商，行业内排名升至全球第一。晶科年出口额超过10亿美元，在中国赴美上市光伏企业中市值排名前列，技术创新优势明显、经营管理效益优异，被业界誉为"毛利润之王"。

晶科能源拥有垂直一体化的产能，截至2016年9月30日硅锭和硅片产能达到约4.5吉瓦，电池片产能达到约3.7吉瓦，组件产能达到约6.5吉瓦。公司目前拥有江西省、浙江省、新疆维吾尔自治区，马来西亚，葡萄牙和南非六个生产基地。

晶科能源自成立以来，始终坚持"自主创新，掌握核心技术，实现企业可持续发展"的理念。2015 年，获得了由国家工业和信息化部、财政部联合颁发的"2015 年国家技术创新示范企业"奖牌，标志着晶科能源有限公司长期保持高水平研发投入，技术创新能力、水平得到国家层面的高度认可，这是 2015 年国家工业和信息化部继颁发晶科能源"工业领域品牌培育示范企业"之后，又一国家层面的平台荣誉。近年来，公司创新成果不断涌现，已跻身国际一流、国内领先企业行列，成为带动国家光伏行业技术创新的骨干力量，2016 年，成功获批国家发改委"国家企业技术中心"平台。

晶科能源兄弟公司——晶科电力有限公司，是专业从事光伏电站开发、建设、运维、投资管理、电力生产和销售等主要业务的全球性投资企业。公司目前正处于强势增长期，已持有的光伏电站规模达 1.52 吉瓦，在建及筹建项目近 3 吉瓦。为中国、中东、非洲、东南亚、美洲及其他地区的地面电站、商业以及民用客户提供光伏电站投资、系统解决方案和技术服务。

◇◇三　晶科能源技术领先优势

晶科能源十分重视科研投入，在浙江、上饶、马来西亚等地均设有研发基地，拥有独立的分析测试实验室，在新加坡、澳大利亚、美国、德国、荷兰等世界知名实验室、海内外多个高校、研究机构均有共同合作项目。晶科浙江研发中心配备国际领先水准的研发设备和检测仪器共

280 台套,价值约 2 亿元。研究院 2016 年增资 5000 万元,用于采购研发设备、中试线设备以及检测设备等。到 2019 年,设备投入总额将计划达到 3.5 亿元。

晶科研发中心现有行业领军技术专家 20 名,外部专家顾问人数超 10 人,技术人员 617 名(研发人员 300 人以上)。此外,晶科能源以项目为载体,聘请众多海内外专家为兼职人员为项目提供技术指导,如新南威尔士的 S. 韦纳姆(S. Wenham)教授、澳大利亚国立大学的克劳斯·韦伯(Klaus Webber)教授、新加坡国立大学 A. 艾伯特(A. Ablert)教授、浙江大学硅材料国家重点实验室杨德仁教授、南昌大学周浪教授等。

晶科能源已申报专利共 464 项,国际专利 6 项,发明专利 235 项。已授权 233 项,其中发明专利 18 项。

作为全球最大的组件销售企业,晶科光伏组件的技术领先水平主要体现在以下三个方面。

(1)高效技术突破。2015 年,经第三方权威机构 TÜV 莱茵认证,晶科多晶组件以 60 片 335.6 瓦功率创世界纪录。2016 年,晶科在高效技术方面取得的成绩更是硕果累累:经第三方权威机构 SERIS 测试,晶科多晶组件以 21.63% 的转换效率创世界纪录;经 TÜV 莱茵测试,晶科 60 片单晶组件功率高达 343.95 瓦创单晶组件功率世界纪录;成为全国首家同时获得 CQC"领跑者"多晶和单晶一级能效认证的企业;获得 CGC 先进领跑者认证;"质胜中国"组件效率竞赛第一。晶科现有产品 60 片多晶组件量产主流功率达 275 瓦,单晶 60 片达 295 瓦,领先行业平均水平 5—10 瓦。

(2)高发电量。全球权威测试机构 PHOTO 实验室公布数据显示,P

型晶硅组件中，晶科产品连续两年发电量表现排名第一，为行业树立了组件质量和长期可靠度标杆；2016 年荣获 TÜV 莱茵光伏系统组件发电量优胜奖。

（3）高可靠性认证。晶科能源是太阳能组件认证最齐全的中国企业。生产的单、多晶太阳能组件获得 TÜV、UL、CQC、CGC、CEC、ETL、JET、MCS、SGS、CSA、VDE 等多项产品认证。2016 年成为国内首家获得 Q + 认证的中国光伏企业；同时，也是行业内首家通过 TÜV 低温动载测试的光伏企业。

随着企业技术的提升，晶科能源产品的竞争力越来越强，在行业内的影响力也越来越大。下一步，我们计划在 3 年内做到技术全面领先，在国家企业技术中心的平台上展开更多国际合作，促进行业标准的制定，进一步提升中国企业在光伏行业的话语权。

◇◇四 晶科的"一带一路"业务规划及进展

李克强总理曾在"两会"上重点提案的"一路一带"政策，不仅成为中国构建新时期全方位开放新格局的重要一步棋，更为晶科"走出去"拓展经济发展新空间提供了绝佳的契机。

从全球销售，到全球制造，再到全球投资，是晶科实施"走出去"的战略部署。

（一）全球销售

晶科能源全球营销中心位于上海，并在日本（2）、新加坡、印度、土耳其、德国、意大利、瑞士、西班牙、美国、加拿大、墨西哥、巴西、智利、澳大利亚以及南非设 16 个海外子公司；在中国（2）、英国、保加利亚、希腊、罗马尼亚、阿联酋、约旦、沙特阿拉伯、科威特、埃及、摩洛哥、加纳、肯尼亚、哥斯达黎加、哥伦比亚、巴西和墨西哥设 18 个全球销售办公室，销售网络遍及五大洲。全球员工数量达到 15000 名，其中，研发人员超过 200 名。

晶科能源始终专注于为客户提供世界领先水平的光伏产品，专业化生产优质的硅锭、硅片、电池片以及高效单多晶组件，产品销往欧美以及亚太多个国家，包括了意大利、德国、比利时、西班牙、美国、加拿大、东欧、澳大利亚、中国、印度、日本以及南非等主要光伏市场。晶科能源全球均衡发展迅猛、增长态势喜人，尤其是美国和新兴市场的表现最为亮眼，欧洲销售团队成绩不俗。2016 年上半年，晶科能源组件出货量达 3.316 吉瓦，总收入为 114.3 亿元人民币（17.44 亿美元），跃居全球光伏行业第一位。

（二）全球制造

为了更贴近客户，以及积极响应中国政府提出的"一路一带"大战略，晶科分别在南非、葡萄牙及马来西亚设立了生产工厂，海外建厂投资总额约 1.1 亿美元，全球组员达到 4480 人。晶科葡萄牙工厂于 2014 年 5 月投产，设计组件产能 50 兆瓦，年产值超过 1300 万美元。晶科南非工厂于 2014 年 6 月投产，设计组件产能 120 兆瓦，年产值超过 8000 万美元。晶科能源马来西亚槟城厂于 2015 年 5 月举行奠基仪式，意味着中国已经成功跨进了芯片制造这一高科技领域。它是晶科在海外的第三座工厂，也是其在海外的第一个电池厂。工厂设计产能 2.8 吉瓦，其中 1.5 吉瓦电池片、1.3 吉瓦光伏组件，目前已处于满产状态，年产值达到 4.5 亿美元。

除投资生产基地外，晶科马来西亚工厂于 2016 年 7 月 20 日成立了光伏研发中心，特别实验从事光伏组件开发、实验和测试工作。整个实验室投资 100 万美元，也是中国光伏企业在马来西亚的首个高科技的研发中心，研发中心同时与当地的高等学府及研发中心合作，提升当地人员对光伏应用的知识水平。在投入最先进的生产设备、引进先进生产工艺和技术的同时，晶科十分注重员工本土化及当地人才培养。以南非晶科能源有限公司为例，晶科南非工厂是中国光伏企业在非洲投资成立的首家光伏企业，也是中国在南非最具代表性的企业之一。目前员工人数约 270 人，其中，仅 10 名管理人员为中国人，其余均为南非本地人，本土化程度达 95% 以上。本土管理人员及员工对工厂的生产运转情况均十分了解，并且十分认同晶科价值观。在国内外员工的共同努力下，南非工厂 2016 年产量达到 143 兆瓦，比计划产能提高 19%；成品率达到业界一流水准，组件销量在保持南非市场占有率第一的同时，远销美国、欧洲和非洲其他区域。晶科南非工厂为当地的就业、人才培养、治安稳定做出了很大的贡献。

（三）全球投资

在实现全球销售向全球制造成功转型后，晶科开始布局全球投资。作为晶科能源的兄弟公司，晶科电力有限公司专业从事光伏电站开发、建设、运维、投资管理、电力生产和销售等主要业务的全球性投资企业。公司目前正处于强势增长期，已持有的光伏电站规模达 1.52 吉瓦，在建及筹建项目近 3 吉瓦。为中国、中东、非洲、东南亚、美洲及其他地区的地面电站、商业以及民用客户提供光伏电站投资、系统解决方案和技术服务。依托股东优势，加之本身的专业技能，晶科电力在全球市场飞速发展。晶科电力立足于快速增长的本土市场，通过具有海外 EPC 和运维资质的海外项目团队，积极在光伏政策有吸引力的国家，如墨西哥、阿根廷、约旦、泰国等地进行海外电站开发。

目前，晶科已中标海外项目 3 个共 250 兆瓦项目。进行及洽谈过程中的项目，覆盖了中东、非洲、东南亚及美洲，其中，中东及非洲等地为项目集中区域，占比接近 70%。以肯尼亚的 50 兆瓦项目为例，已经签订完了总包协议，该项目将由江西国际主导，由晶科提供设备及技术支持，后期将由晶科一并代维。海外电站的项目开发、建设及运维将成为晶科能源未来发展的重要一环。未来，中国企业不是来跟你抢市场，而是带给你就业机会，带给你技术、资本和经验，贡献你 GDP，帮助你解决能源和环境问题，帮助你国家实现可持续发展。这是体现中国企业的实力、全球观的高度和社会责任感。

2016 年是晶科成立 10 周年，10 年时间，晶科已成功实现了从"全球销售"到中国、东南亚、欧洲、南非的"全球制造"布局，并开始启动"全球投资"。成功建设和前瞻性布局体现了晶科能源从"全球销售"到"全球制造"再到"全球投资"的清晰发展战略，且恰恰吻合"一带一路"战略，也促进了"一带一路"沿线国家新能源的生产和利用，以及光伏技术人才培养、经济和生态协同发展等方面的进步。

光伏产业是中国的王牌产业，是中国少数具有国际领先地位的战略性新兴产业。中国光伏企业掌握全球独步的产业核心技术，未来能源又涉及国家安全，是国家经济和可持续发展的命脉，各国都把发展新能源提升到国家战略高度加以重视。未来的争夺就是能源的争夺，谁掌握了能源，谁就掌握了主动权。所以晶科强烈地希望得到政府的支持，站在全球的视野，站在全球能源大战略的角度，助力优质的新能源企业大阔步"走出去"，并赢得国际的尊敬。

"一带一路"与新型
园区建设

陕西西咸新区

国家级新区作为引领经济发展新常态、践行新发展理念、区域经济增长的新引擎、体制机制创新示范田、全方位开放格局新高地、生态文明建设示范区，其核心功能定位为承担国家重大发展和改革任务的国家级综合功能区，在带动区域经济发展、引领全面改革开放、推动体制机制创新、促进产城融合和城乡一体化发展等方面发挥着重要作用。截至目前，国务院共批准设立了18个国家级新区。

推进"一带一路"建设，除了国家层面加强顶层设计、谋划大棋局外，鼓励和支持国家级新区，尤其是西部地区的国家级新区，积极探索新模式、开拓新思路、寻找新路径，主动对接、服务国家"一带一路"建设和西部大开发战略，发挥"一带一路"建设"领头羊"的作用具有重要的意义。

◇◇一 优化升级经济园区模式，助力
"一带一路"建设

截至 2014 年底，中国正在全球 50 个国家建设 118 个经济园区，这些境外园区成为"一带一路"建设的重要承接点，实现了中国改革开放成功经验和"一带一路"沿线国家经济发展需求的嫁接。其基本做法可以概括为：征地与基础设施建设先行，制定优惠政策和招商引资并举，投资促进服务跟进。从而实现将欠发达或落后地区变成中外企业聚集的现代化园区、城镇。通过经济园区建设这一模式，一方面，大幅提升了土地利用经济效益，创超了大量的就业岗位，从而有利于地区的和平和稳定，同时，又是 GDP 增长的主要推动力和检测改革政策效果的试验场；另一方面，具有重要的示范引领效应，对带动周边区域发展，具有重要的扩点为面的作用。

陕西西咸新区，作为中国第七个国家级新区。自 2014 年 1 月诞生之日起，就承载了国务院赋予的"丝绸之路经济带重要支点、我国向西开放的重要枢纽、西部大开发的新引擎和中国特色新型城镇化的范例"的国家使命。

在紧紧围绕其所承载的国家使命和目前中国境外经济园区已经取得的阶段性成果和经验的基础上，通过广泛的调研和针对陕西在"一带一路"建设过程中所具备的独特优势的客观分析，形成了两个基本认识，以及针对这两个基本认识进行相应的谋篇、布局和蓄势，初步形成了

"一平台、一基地"的融入"一带一路"建设的总体布局，完成了前期准备工作。这将进一步优化和升级目前境外经济园区建设模式，为更加有效地推进"一带一路"建设服务，也是国家级新区当好"一带一路"建设"领头羊"的具体探索和实践。

两个基本认识。一是先学会与世界对话，才可能谈打造全方位开放格局新高地。二是只有抓好人才培养，才可能奠定区域核心竞争力。

学会与世界对话，在全球化和"一带一路"背景下，对区域发展来说，显得比以往更加重要和迫切。

所谓与世界对话，不再是仅仅单向地引进国外项目、资金、技术和管理等，或是单向地对外投资，而是要统筹考虑，共商、共建、共享；不再是单一地考虑项目的投资回报率、算经济账，还要算社会效益账；不再是仅仅站在各自的立场上，算利害得失，而是同时要站在对方的角度，考虑彼此的难处。

目前全世界的地方和区域发展，都会以招商为主要手段。在招商方向上，招大商、招龙头企业也是主要导向。这对在短时间内加快区域发展确实有重要的作用。但从宏观来看，所谓的大商、龙头企业是一个相对固定的概念，不可能所有区域都能招到大商或者龙头企业，或者说能够实现大商、龙头企业聚集的更是少数，而从"一带一路"这个倡议的提出和愿景来看，新型全球化的定位一定是全局性的，而不再是局部。无论对地方，还是国家，乃至全世界，都奉行"一枝独秀不是春，百花齐放春满园"的发展观。从这个角度来看，与世界对话，首先得从建立符合新型全球化和"一带一路"时代背景的发展观念着手，再到定位的改变。

　　经济园区作为经济活跃度最高、整体功能最齐备、成体系、成建制推进"一带一路"建设的最基本单元，除了充分发挥其抱团出海、聚集效应、带动区域发展、成为支撑"一带一路"倡议提出的六条经济走廊落地的重要抓手等优势和进一步加强基础设施和关键项目建设外，还应着重遵循"政府牵头、产业导向、企业主体、市场运作"的原则，积极构建国内外经济园区跨境、跨区域联动机制，创新经济园区之间的协同发展模式，推动形成区域经济合作共赢发展新格局，将是"一带一路"倡议扩点为面的有效模式。一方面经济园区通过项目、基础设施建设建立和世界对话的物理通道；另一方面，通过对未来发展脉动的前瞻、创新的思维、科技的支撑，以及愿天下人间安得太平美满的济世情怀及孜孜不倦的开拓进取精神构建和世界对话的人文交流平台。二者相互关联、相互依存，成为连通世界和未来的具体承载体。

　　所谓抓好人才培养，不再是局限于学历教育和技能培训层面的单一层面的人才培养定位，而是针对新型全球化和"一带一路"的时代背景，根据联合国在千年发展目标（MDG）到期之后，提出新的由 17 个大目标和 169 个子目标构成的可持续发展目标（SDG），旨在培养各国青年成为社会中坚力量去推动相应目标的实现，他们对于目标的关注、思考和行动至关重要，这是抓好人才培养的关键。而目前作为培养人才主要载体的各类院校和企业，在人才培养过程中存在不少的问题。

　　在企业参与"一带一路"建设过程中，摆在企业面前难以逾越的困难是人才的匮乏，尤其是"一带一路"建设所需要的各类人才。在"一带一路"建设过程中，几乎所有"走出去"的企业都面临这个问题。另外，"一带一路"沿线国家又亟须解决大量青年的培养和就业，以巴基斯坦旁遮普省为例,旁遮普省发布的《2018 年增长战略》,明确提出实现所有千年发展目标和可持续发展目标、每年创造 100 万个高质量就业岗位、向 200 万名毕业生提供技能培训等具体目标。但仅通过企业和院校的嫁接合作模式是无法同时实现政府的目标和企业的用人需求的。对于企业来说,无论是本国员工还是在所在国当地雇佣劳动力,要想使其成为符合企业所需要的人才,都需要对其进行培训提高。虽然有的企业也在尝试自身或联合院校培养,但这对企业发展来说,无疑造成了巨大的负担。即便是能够自身开展培训的企业,其培训规模、质量、标准、可持续发展等都面临着很多问题,无法成为人才培养的系统解决方案。

人才培养的核心和关键在于统筹协调好国际和国内、中央和地方、政府和企业、体系和节点等的关系。正如陕西省委书记娄勤俭强调的:要用系统性思维统筹全局。

西咸新区探索以"一带一路"应用型人才培养基地建设为出发点和落脚点,搭建陕西与"一带一路"沿线国家和地区能力建设、交流合作与协同创新的平台,同时也成为陕西自贸区实现"开创经济合作和人文交流新模式"的抓手之一。应用型人才是我国及"一带一路"沿线国家和地区社会经济发展过程中,尤其在"一带一路"建设过程中亟须的,而目前国内外尚未形成针对"一带一路"建设进行系统性人才培养、储备、应用的体系。

西咸新区以 2016 年国外政府贷款项目《"一带一路"应用型人才培养基地》(德国促进贷款 5000 万欧元)为基础,在中国社科院蓝迪国际智库、德国国际合作组织(GIZ)、澳大利亚堪培拉大学等组织和机构的支持下,拟通过汇聚国际组织、"一带一路"高端智库、国际合作项目、国家级新区、地方院校等相关资源，形成有机组合和优势互补，发挥集合优势、集体优势、乘数效应优势，在陕西省委省政府的领导下，探索出一条旨在服务于"一带一路"建设、优化和升级经济园区模式、助推陕西参与国际化融合发展的路径，为"一带一路"建设助力。

具体通过"一平台、一基地"与"一带一路"建设各方开展广泛而有成效的合作。"一平台"指"一带一路"应用型人才培养基地的国际合作平台建设（2017—2020年）；"一基地"指"一带一路"应用型人才培养基地。

◇◇二 "一带一路"应用型人才培养，开创"一带一路"建设"南—北—南"合作新模式

结合陕西省委省政府提出的将陕西打造成"一带一路"上的五大中心，尤其是构建科技创新中心和国际产能合作中心的总体规划和布局，本项目拟在国家有关部委和陕西省委省政府的领导下，依托陕西的区位优势、经济基础、教育科技人才、历史文化底蕴、自然生态环境等资源优势和构建开放型经济新体制的积极探索，联合中国社科院蓝迪国际智库的研究与发展平台及资源，借助联合国教科文组织、德国国际合作组织（GIZ）和中巴经济走廊相关机构等国际资源，围绕"一带一路"发展战略，按照"共商、共建、共享"三原则，创新性地开展南—北—南模式的国际合作模式，推进共建"一带一路"教育行动。同时，以应用型人才培养为抓手和依托，服务国际产能多边合作。搭建中国—欧盟—

"一带一路"沿线发展中国家和地区三方能力建设、交流合作与协同创新平台。

(一) 项目背景

(1)"一带一路"建设是中国对完善全球治理、促进经济新增长的长期巨大贡献。加强国际交流与合作，深化人才培养和能力建设，是服务"一带一路"建设、提供人才保障的必然要求。"一带一路"战略实施对人才培养提出了更高要求。要实现与沿线各国的政策互通、设施联通、贸易畅通、资金融通、民心相通，必须要培养大批具有全球视野和国际竞争力的创新型人才。实现"五通"最基本的因素是人，最根本的依赖是人才，而国际化人才培养必然依靠国际交流与合作的不断深化。

(2) 面向青年和未来的人才培养和能力建设是实现联合国可持续发展目标（SDG）的重要基础和目标之一。

(3) 南—北—南合作新模式是开展国际人才培养、推动实现联合国可持续发展目标的重要模式，中国在其中发挥着重要且独特的作用。在新的发展理念指导下，"南—北—南"合作有着广阔的空间。全球对南北、南南合作逐渐有着新的理解，认为"一带一路"将有助于改善南北关系和促进南南合作。近年来国际社会普遍认为，中国应发挥积极作用，促进整合南北合作、南南合作的战略、概念和资源，探讨南北双方在促进可持续发展方面的合作新模式，应对当前全世界面临的发展战略方面的问题。

(4) 陕西省西咸新区具备为"一带一路"应用型人才培养基地搭建

国际合作平台的良好环境和实践基础。陕西省委书记娄勤俭指出："陕西将以技术为核心，以资本为纽带，以企业为主体，以市场为导向，努力与丝路沿线国家和地区开展更加广泛的科技合作。"陕西省省长胡和平表示："陕西将发挥科教优势，着力构建科技创新中心。"陕西拥有高校96所，各类科研院所1000多个，在校学生100多万人，专业技术人员110多万人。一方面将围绕产业方向积极推进国际科技合作，在能源开采、精细化工、生物医药、电子信息等领域推动国际联合技术攻关。另一方面，将通过建立双边、多边国际合作机制，深化国际培训教育合作，为联合培养创新人才探索路径。

项目获批过程中，西咸集团即赴巴基斯坦和德国进行调研和项目推介宣传，得到了积极响应，吸引了国外各参与方的关注，持续了解项目的进展情况。截至目前，除德国、巴基斯坦外，已引起意大利、澳大利亚、罗马尼亚、加拿大、中国香港等国家和地区政府、企业和"一带一路"合作机构的关注，部分已经签订MOU或合作协议。

（二）项目定位

以"一带一路"应用型人才培养基地建设为出发点和落脚点，搭建中国—欧盟—"一带一路"沿线发展中国家和地区三方能力建设、交流合作与协同创新平台，构建集产业布局、人才战略、园区合作、国际资本融通为一体的复合型合作模式。具体包括：

（1）服务"一带一路"建设的国际平台。通过国际、国内资源联动，社会、市场和政府联动，构建多边与双边机制，凝聚优势资源，对接发展需求，评估综合环境，识别风险因素，提出应对策略，开展人才培养和能力建设，为推动地区和企业的国际化添砖加瓦，也为参与"一带一路"建设的各类企业与沿线国家和地区的积极对接提供实质性的服务。

（2）推进可持续发展目标（SDG）的南—北—南合作模式实践平台。项目将通过中国多层次、立体化的研究与实践平台，整合以德国为代表的欧盟国家在资金、管理、技术等方面的资源，聚焦服务巴基斯坦、伊朗、哈萨克斯坦、印度尼西亚、缅甸等"一带一路"沿线重点国家和地区的人才培养、能力建设、产业对接等合作，务实服务可持续发展目标的实现。

（3）面向未来的能力建设平台。项目将搭建国际职业教育合作标准制定和认证平台，建设应用型人才的培养体系和信息平台。致力于同全球及国内知名智库、企业和社会组织建立合作关系。通过建立精英库、专家库和青年人才库，搭建政府、市场、社会间的合作平台，支持各领域的宏观治理、中观管理和微观执行等各层次人才脱颖而出。推进中国和"一带一路"沿线国家人力资源发展，助力中国的人才强国战略和国际化进程，使陕西不仅成为教育科技大省，更成为国际化人才培养和输出的摇篮。

（4）面向国际的交流合作平台。项目将建设和夯实共同应对可持续发展事务的政治互信、沟通渠道与合作基础。通过蓝迪国际智库等国际交流合作平台，组织开展国际教育和产能合作高端访问，促进相互了解、交流合作和政治互信，促进具体项目对接与合作，夯实相关各方在应对可持续发展事务中的合作基础。

（5）面向发展的协同创新平台。中国企业"走出去"面临巨大的机会和挑战，企业对法律政策、产业标准、信息技术、投融资和资产安全、舆论支持和能力建设方面有系统需求。这些需求需要通过整合资源，以协同创新的方式共同应对。企业在"走出去"过程中需要获取全面信息，提升综合能力和架设合作桥梁。针对这些需求，通过建立法律服务、政策研究、技术标准、信息服务、金融支持、文化与品牌、能力建设等板块，积极组织政府、企业和行业资源，带领企业协同创新、组团出海，为"一带一路"建设和发展提供系统服务支持。

（三）主要内容

（1）开展"一带一路"建设与可持续发展的相关研究与实践。建设可持续发展领域新型智库，凝聚和发挥智力资源优势，共同探讨重大事务及应对策略，分享推广国际可持续发展好的经验和做法，发出符合我国利益的政策呼吁，积极影响国际可持续发展事务议程，多层次、多维度促进我国国家利益和国际形象。具体包括：组织智库会议，小型规模，研讨并提出应对可持续发展事务的建设性意见与设想；组织研讨会，中型规模，根据智库峰会建议，分析可持续发展需求，形成理论指导，推动务实合作；组织大会，大型规模，形成对关键性可持续发展事务的意见建议和政策呼吁，推动转化成为区域性或国际性共识与合作，取得政策和战略主动权；参与国际重要会议，根据可持续发展领域重要议程，积极参与后千年议程讨论确定会议等，积极促成国际社会吸收采纳成果建议。

（2）开展资源整合与协调服务。一方面，促进以德国为代表的欧盟国家与中国的合作。比如，开展高层交流与对接，促进德国国际合作组织（GIZ）与陕西省的全面合作。加强对接德国机械、汽车、化工、医疗保健和可再生能源等方面的企业，着眼于职业教育和培训、标准化、健康产业、有机农业、电信与信息产业、经济咨询、地区发展、可持续城市等领域的合作。另一方面，推动中国与"一带一路"沿线国家的资源对接与项目合作。比如，围绕中巴经济走廊建设，通过系统化、有针对性的工作，搭建机制化的互动交流合作平台——中（陕西）巴零公里平台。包括在巴基斯坦推广中国在食品加工、化工、制药、工程、皮革、纺织和采矿等领域的行业设备；建立中巴两国在贸易、科技、投资、培训及电力五个领域的中小企业平台；沿中巴经济走廊推广工程承包项目，促进项目落实；为中小企业工业区建设中小企业发电站；针对航空航天领域，尤其是航天领域设立资源中心；建设五星级酒店和企业孵化器，为中国制造商、工程承包公司、研发机构、赴巴开拓国际业务的企业提供驻足场所。

（3）开展人才培养和能力建设。一是建设国际职业教育合作标准制定和认证平台。包括：建立教师信息库，推进教师职业素质标准化；建立教育机构信息库，推进教育机构体系标准化；建立远程教育网络及教育文献交流网站，促进教育体制多样化和专业教学；工具、方案、进度、实习内容的标准化；建立专业认证中心，促进学员专业认证与国际认证标准接轨；建立国际教育交流中心，促进跨境教育合作交流。二是建设应用型人才培养体系。包括：专业技术应用人才培养、文化交流人才建设、技术人员和工人劳务培训、高层次青年领袖人才培养。通过搭建有效推动项目平台工作的专业培训和能力建设平台，加强国际合作和交流的人力资源战略储备，同步增进中国同非洲、中亚、亚太、拉美、中东等重点地区在可持续发展领域的交流、互信与合作，为国家和陕西省持续参与国际事务储备人力资源、人脉渠道和实践经验。三是建设应用型人才信息平台。主要通过人才信息库、门户网站、人才工作服务平台等"一库一网一平台"系统建设，搭建中国和"一带一路"沿线国家应用型技术人才信息交流、发布、共享和分析平台。主要面向沿线各国政府机关、行业协会、商会、国内大中型企业、"一带一路"沿线国家大中型企业等对象，通过大数据、云计算、开发门户网站、智能 APP 等技术手段，提供应用型技术人才的信息收集、信息发布、信息分析等，提供各国政策动态研究及经济运行情况实时分析研究。

（4）开展高层倡导与交流对接。项目将针对"一带一路"应用型人才培养的重点合作国别进行深入系统的高层倡导、公共交流、综合调研和专题咨询。一是以高层政治承诺为引领，强化领导力与执行力。二是健全共商共建体系，加强沟通、协调与合作。三是建立有效动员整合各类资源的沟通机制，促进项目合作与对接，综合提升发展能力。四是加强人文合作，化解文明冲突，布局长远发展。五是促进经济社会均衡发展，实行共享共赢战略，携手打造政治互信、经济融合、文化包容的利益共同体、责任共同体和命运共同体。

（5）开展机制化的协同创新。项目既要在战略和操作两个维度实现协同创新，也要在陕西省内、国内、国际三个层面实现协同创新。项目将紧紧抓住中巴经济走廊、中蒙俄、新亚欧大陆桥、中国—中亚—西亚、中国—中南半岛、孟中印缅六大经济走廊在政治、经济、社会和文化领域的影响，以协同创新需求为基础，以国际合作机制为依托，以项目驱动的形式推动实质合作，建设法律服务、政策研究、技术标准、信息服务、金融支持、文化与品牌、能力建设等服务板块，系统服务中国与"一带一路"沿线国家在应用型人才培养和产业实践方面的务实对接，促进企业协同创新、组团出海。